DBV

Ludwig Mödl

Die Welt will heil werden

Gedanken zu den Festzeiten des Jahres

Don Bosco Verlag

CIP – Kurztitelaufnahme
der Deutschen Bibliothek

Mödl, Ludwig:
Die Welt will heilwerden: Gedanken zu
den Festzeiten des Jahres / Ludwig Mödl. –
1. Aufl. – München: Don Bosco Verlag, 1986.
ISBN 3-7698-0554-2

Mitglied der »verlagsgruppe engagement«

1. Auflage 1986 / ISBN 3-7698-0554-2

Gesamtherstellung: Druckerei Heinz Neubert GmbH, Bayreuth

Inhalt

Osterfestkreis

Pfingstfestkreis

Festzeiten im Herbst

Vorwort

Viele Zeitgenossen empfinden die Festtage, die Wochenenden und den Urlaub als eigentliche Lebenszeit, während sie sich an den Arbeitstagen von Terminen bedrängt, von Vorgesetzten beaufsichtigt und von vielfältigen Anforderungen ausgelaugt fühlen. Für die freie Zeit erträumen sie sich Freiräume zu einem angenehmen, herrschaftsfreien Umgang mit den Menschen ihrer Umgebung und eine Fülle von positiven Erlebnissen. Doch die Wirklichkeit sieht häufig ganz anders aus: Die freie Zeit wird nicht selten zu einer leeren Zeit.

Die Feste der Kirche sagen in die freien Tage hinein eine Botschaft, die dem Menschsein und dem menschlichen Leben und Handeln einen Sinn aufzeigt.

Das vorliegende Buch gibt geistliche Gedanken zu den Festen des Jahres wieder, die teilweise als Predigtpassagen vorgetragen wurden. Dabei werden für die großen Festtage je drei Gedankenblöcke vorgestellt, vornehmlich für Leute, die an solchen Tagen Zeit haben bzw. sich nehmen, so daß sie am Morgen, tagsüber und am Abend aus einer geistlichen Lesung sich Anregungen zum Meditieren und zum dankenden Gebet holen können. Den hauptamtlichen Mitarbeitern im pastoralen Dienst aber, denen Festzeiten meist zu „Stoßzeiten" der Arbeit werden, können die vorgelegten Gedanken als Materialien und Anregungen für ihre Predigten dienen.

Der theologische Ductus dieser Betrachtungen vermittelt eine Sicht des Lebens, die Hoffnung strahlen läßt aus dem Wissen: Gott ist mitten in unserem Leben am Werk.

Ludwig Mödl

Weihnachtsfestkreis

Licht in der Nacht

Christnacht

Mancher Mitbürger, der nur halb oder gar nicht an Christus glaubt, feiert dennoch Weihnachten. Er schmückt seine Wohnung mit einem frischen Christbaum, zündet Lichter an und beschenkt die Angehörigen. Irgendwie zieht dieses Fest alle in seinen Bann.
Schon unsere heidnischen Vorfahren haben in dieser Zeit der dunkelsten Nächte ein Fest des Lichtes gefeiert. Je dunkler die Nacht, um so deutlicher kann uns bewußt werden, welches Geschenk das Licht darstellt. Je kälter ein Abend, um so wohltuender empfinden wir die Wärme einer Wohnung.
Dunkel und Kälte, Schmerz und Leid, widrige Umstände und Katastrophen gefährden uns Menschen. Doch im Angesicht solcher Bedrohungen steigt in uns die Ahnung auf: Es gibt Kräfte, die alles Totgeglaubte immer wieder neu beleben. Auf Ruinen wachsen Rosen, aus einem Baumstumpf sprießen neue Zweige, im Dunkel scheint auch ein kleines Licht sehr hell.
Wie sehr wir auch umgarnt sein mögen von Leid und Tod, von Unglück und Sorge: Wenn wir nur im Inneren nicht aufgeben, sondern einen Schimmer Hoffnung wachhalten, dann kann uns kein Umstand vernichten. Das Leben ist stärker als der Tod. Das kleinste Licht ist heller als alle Dunkelheit.
Eine solch positive Ahnung steckt hinter der Weihnachtsfeier. Im Grunde strebt alles zum Positiven. Hinter aller Unordnung steht ein endgültiges Heil.
Diese Ahnung wird durch die christliche Botschaft bestätigt und ergänzt. Sie lautet: Das Heil der Welt kommt durch Gott. Es hat angefangen mit Jesus von Nazareth. „Christus, der Retter, ist da!"
Die widrigen Umstände seines Lebens waren denen seiner Geburt gleich: Kind armer Leute war er. Sein erstes Bett war die Futterkrip-

pe. An der Härte seiner Mitmenschen ist er gescheitert. Sein Totenbett war das Kreuz.
Doch er hat eine Art zu leben entwickelt, die alles, was in einem Menschen vorkommt, mit der Quelle des Daseins verbunden hat. Das hat er in einer Weise getan, daß man – auch wenn es unwahrscheinlich klingt – in der Zusammenschau nur sagen konnte: Er ist das zu Fleisch gewordene Wort Gottes. Gott wurde Mensch.
Gott erahnen wir als jene Wirklichkeit, die das All in Händen hält. Er kennt jeden Stern und jedes Lebewesen. Sein Wissen ist Allwissen. Seine Macht ist Allmacht. Was immer ich mir von ihm vorstelle, er ist noch größer.
Wie kann uns in Jesus, dem Menschen, Gott begegnen?
Gott hat etwas übrig für die Krone seiner Schöpfung, für uns Menschen. Er kommt zu uns in menschlicher Weise und nimmt sich unser an. Nicht dadurch, daß er von oben her belehrt, Anweisungen gibt und ein neues Gesetz vorsetzt. Er wird selbst Mensch. Er lebt das Göttliche in menschlicher Art und zeigt uns: So geht das Leben richtig, so, wie Jesus in seiner Lage Mensch gewesen ist.
Im Menschsein Jesu ist uns Gott nahe gewesen. Das meint Weihnachten. Und das hat für uns gewaltige Folgen; denn wenn Gott in Menschengestalt da war, dann hat das Menschsein einen Adel bekommen, der es in die Sphäre Gottes bringt. Das sagt uns der Glaube.
Mag dieser unser Glaube armselig sein wie eine Futterkrippe: Das Wort des Vaters wird hineingelegt.
Das Heil der Welt kommt von Gott. Wer das glauben kann, dem wird inmitten des Dunkels ein Licht aufleuchten, und er wird erkennen: Christus, der Retter, ist da.

In der Stadt Davids

Weihnachten: am Morgen

Betlehem spielt in der Weihnachtsbotschaft eine besondere Rolle, weil es die Stadt Davids war. David stammte von dort, aus einer unbekannten Familie, und er war der Unbedeutendste dieser Familie, der Jüngste. Doch er war erwählt, das noch im Stammesdenken verhaftete Volk Israel politisch zusammenzufassen. Gottes Volk sollte eine Rolle spielen in der Welt. An ihm sollte man sehen, daß es ein Segen ist, an diesen Gott zu glauben. Deshalb gründete David ein Zentrum für das Volk: Jerusalem. Und dort wollte er einen geordneten Kult einrichten mit einer Priesterschaft, mit Opfern und Gottesdiensten. Beides, das geordnete Volkswesen und der geordnete Kult, sollten Hilfen sein, mit denen das Volk seine Aufgaben erfüllen wollte, nämlich ein Segen zu werden für die ganze Menschheit. Doch beide Elemente gingen in die Brüche. Das politische Reich zerbrach schon unter Davids Nachfolger. Der Kult wurde angreifbar, entwickelte sich von seinem ursprünglichen Sinn weg und wurde von den Propheten kritisiert; denn Israel konnte die Völker nicht im Sinne Gottes beeinflussen. Die davidische Art, Gottes Reich in die Welt einzupflanzen, war gescheitert oder wenigstens weithin zerbrochen. Ein neuer David muß kommen, so glaubte man. Und er kam.

Das feiern wir an Weihnachten; denn in der Stadt Davids ist Jesus geboren, an jenem Ort, von dem David stammte. Auch Jesus war ein Kind kleiner Leute, die auf dem gesellschaftlichen Niveau von Hirten standen. Auf den Feldern, von denen weg David berufen wurde, ist die Botschaft zum ersten Mal ausgerufen worden: „Heute ist euch in der Stadt Davids der Heiland geboren." Und es wird dazu gesagt: „Er ist der Herr!" Gemeint ist damit wohl, was die Theologie sagt: das zu Fleisch gewordene Wort Gottes.

Gott bleibt sich treu. Mit David hat er einen Weg eingeschlagen und ihm zugesagt, daß aus seinem Geschlecht der Retter der Welt hervorgeht. Es ist dabei geblieben, obwohl die menschliche Linie dieses Geschlechtes in vielen Gliedern versagt hat, den Weg schier unmöglich zu machen schien. Doch es begann wieder in Betlehem, es begann wieder auf dem Hirtenfeld, und es begann wieder ganz unten. Der neue David hat es nicht mehr versucht auf dem politischen und kultischen Weg – diese beiden Bereiche werden erst wieder als Krücken für uns notwendig werden. Jesus hat es vom Zentrum her versucht; denn er gehört selbst ins Zentrum. Er ist in die Welt hineingeboren, bleibt aber in seinem Wesen vereint mit dem allmächtigen Wort Gottes. Dieses Wort ist in ihm Fleisch geworden.

Deshalb gibt er uns die entscheidende Methode, wie die Rettung aller sich vollziehen soll: verbunden sein und bleiben mit dem Vater, sich identifizieren mit ihm und mit allem, womit er sich identifiziert.

Denn das bedeutet die Rede vom fleischgewordenen Wort: Gott identifiziert sich mit uns Menschen. Unsere Rettung liegt ihm so am Herzen, daß er einer von uns wird.
Daher finden wir in der Lehre und im Leben Jesu als das zentrale Tun nicht ein politisches und auch nicht ein formalkultisches Element. In ihm ist vielmehr die Identifikation Gottes Person geworden. Er versucht immer eins zu sein mit dem Vater. Er redet mit ihm in nächtelangen Gebeten. Er fragt in jeder Situation neu nach dem Willen des Vaters. Und er denkt sich in die Menschen hinein, heilt, macht Mut, verbindet, lindert.
Deshalb ist es das zentrale christliche Aufgabenfeld, die Menschen zu lehren, sich mit Gott in eins zu setzen, nach seinen Gesichtspunkten zu fragen, zugleich aber die anderen Menschen in den Blick zu nehmen und für sie da zu sein.
Beten und lieben – das sind die christlichen Grundaufgaben. Wenn uns alles genommen würde – die Bibel, die Theologie, die Kirchen, der Kult und alles andere, was wir als Hilfen für unser Glaubensleben brauchen –, dann wären wir dennoch Christen, wenn wir im Blick auf Jesus noch beten und lieben könnten.
Beten und lieben, das ist unsere zentrale Aufgabe. Erst in zweiter Linie fließt da heraus, was die davidische Form und Methode war: Organisatorisches und Kultisches.
Gott identifiziert sich mit uns. Sein Wort wird Fleisch in Jesus. Jesus ist eins mit dem Vater-Gott. Wir werden einbezogen in diese Einheit, wenn wir versuchen, eins zu werden mit Gott im Beten und uns zu einen mit jenen, mit denen Gott sich eins weiß.
Wer – verbunden mit Jesus – betet und liebt, der ist ein Christ.

Christus, der Retter, ist da

Weihnachten: am Tag

Ein paar ruhige Feiertage wünschen wir uns wohl alle, an denen wir nicht viel hören von Unfrieden, Hunger, Geldnöten und Zukunftsangst. Ein klein wenig möchten wir erfahren: Es gibt Ecken in unserer Welt, die heil sind. In dieser Stimmung und mit diesem Wunsch

singen wir: „Christus, der Retter, ist da!" Doch leise meldet sich sofort Skepsis: Wovon, wovor rettet er uns? Hätte er nicht selbst Rettung nötig gehabt? Rettung vor mißgünstigen Religionsdienern, Rettung vor politischen Feinden, Rettung vor Leid, Rettung vor Tod? Wie kann er uns retten, er, der selbst untergegangen ist?
Von all dem wurde er nicht gerettet, und vor all dem wird er auch uns grundsätzlich nicht bewahren: nicht die Polen vor dem Militärregime, nicht die Afghanen vor der russischen Besatzungsmacht, nicht die Kranken vor dem Schmerz, nicht den Gehetzten vor der Arbeit, nicht den Betrogenen vor dem Betrüger, nicht den Leidenden vor dem Tod. Wovon aber wird er uns retten, wenn nicht vor den Gefahren des Lebens, nicht vor dem Vielerlei der Tage, nicht vor bösen Menschen, nicht vor dem Alt- und Schwachwerden, nicht vor Hunger, Krankheit und Tod? All das hat er ja selbst erlebt und durchgemacht. Wovor also rettet er uns?
Vor dem Alleingelassensein! Denn er schließt uns dem an, dem er selbst eng verbunden ist. Beides hat er gesagt: „ Ich und der Vater sind eins" (Joh 10, 30). Und: „Ich bin der Weinstock, ihr seid die Rebzweige" (Joh 15, 5). Er ist eins mit dem Vater, wir sind eins mit ihm. Wir werden so im Innersten angebunden. Er schenkt uns Religion, „Anbindung" im absoluten Gott. Dadurch erhält alles, was im Leben daherkommt, eine andere Qualität, bekommt alles einen anderen Zusammenhang und Stellenwert. Nichts bleibt umsonst, alles kann zum Segen werden, sogar noch negative Erlebnisse; denn Jesus holt uns heraus aus der Beziehungslosigkeit. Er bezieht uns in allem auf den Vater, den Herrn aller Wirklichkeit.
So ist Christus unser Retter und Heiland. Daher kann unser Weihnachtswunsch nur lauten: Bleiben wir in Christus, unserem Retter, verbunden!

Wir sind beschenkt

Weihnachten: am Tag

Am Heiligen Abend haben wir unseren Angehörigen und Freunden Geschenke übergeben, größere und kleinere. Und wir haben solche Geschenke erhalten, größere und kleinere. Wir haben andere überrascht und uns gefreut, wenn sie sich freuten. Dabei ging es nicht in erster Linie um den Wert der Sachen. Wir wollten durch sie etwas zum Ausdruck bringen und dem anderen zeigen, wie sehr wir ihn schätzen und mögen. Und wir selbst durften – welche Überraschung – merken: Der andere schätzt mich, und ich kann mit ihm rechnen. Zeichen der Zuneigung und Verbundenheit wollten die Geschenke sein, gegeben an einem Fest, das uns der Verbundenheit und Zuneigung Gottes versichert. Denn das ist der Inhalt von Weihnachten: Gott mag uns Menschen. Sein göttliches Wort, sein Sohn, ist in unsere Welt eingestiegen und ein Mensch, ein Kind geworden. Er ist in unsere Geschichte hereingekommen zu einer bestimmten Zeit, in „jener Zeit". Das wirkt sich aus für alle Zeiten.

Jede Zeit, jede Generation darf sich beschenkt wissen. Sosehr wir selbst aktiv handeln und das Leben gestalten: Das Entscheidende wird uns doch geschenkt. Gott hat sich selbst geschenkt. Er hat sich uns zugeneigt. Wir sind nicht mehr verloren auf uns gestellt. Einer war und ist mitten unter uns, der woanders beheimatet ist und sich in unseren Bereich begeben hat. Obwohl er einen Stammbaum hat, der nachweist, daß er aus der Menschheit hervorgewachsen ist, kommt er radikal, von seiner Wurzel her, aus dem anderen Bereich. Das will die Aussage von der Jungfrauengeburt ausdrücken. Er ist uns geschenkt, einer von uns – aber nicht durch uns hervorgebracht – in keiner Generation.

Im Entscheidenden sind wir immer beschenkt.

Daraus ergibt sich für uns: Die Größe eines Menschen liegt nicht in seiner Macht, in seinem Einfluß und seiner Leistung, sondern in seiner Demut. Denn das Entscheidende ist uns geschenkt. Also kommt es darauf an, daß wir uns weiterhin beschenken lassen. So kann man wohl auch das Wort Jesu verstehen: „Wenn ihr nicht werdet wie die Kinder, könnt ihr nicht in das Himmelreich eingehen" (Mt 18, 13). Das heißt: Wenn ihr nicht jenes Vertrauen auf den Vater-Gott findet, das die Kinder ihren Eltern gegenüber haben, wenn ihr nicht – die eigene Kleinheit verspürend – auf die Größe Gottes vertraut, werdet ihr nicht durchstoßen zur Erkenntnis jener Wirklichkeit, in der Gott herrscht.

Zu wissen: Ich bin in meinem Erkennen und in meinem Können begrenzt, ich werde aber ins Grenzenlose vordringen, wenn ich meinem Gott traue, – das gibt Weite und menschliche Größe. Groß werden

wir in dem Mut, klein zu sein und in Abhängigkeit von Gott zu dienen.
Jesus hat uns vorgelebt, wie man als Mensch groß wird. Er hat es vorgelebt als Armer, als Machtloser, als Leidender, als Kämpfer, als Sterbender. Nicht Macht, nicht Reichtum, nicht Ehre sind wichtig – das alles mag dazugeschenkt sein: Entscheidend ist die Demut, die Anbindung an den Vater, der alles in allem ist.
Wir haben am Heiligen Abend geschenkt, weil wir uns beschenkt wissen. Indem wir geschenkt haben und beschenkt wurden, ist uns vielleicht bewußt geworden: Entscheidendes kann ich mir nicht verdienen, ich kann es mir nur schenken lassen. Die Liebe z.B. kann ich nicht erwerben, sie ist immer Geschenk. Und gerade das bereitet uns eine frohe Weihnacht, nämlich zu wissen: Gott schenkt immer, er schenkt aus Liebe, er schenkt das Entscheidende – wenn wir uns nur beschenken lassen.

Wundersames kann geschehen

Weihnachten: am Abend

Es scheint etwas vom Schwierigsten unter den Menschen zu sein, einem Feind zu verzeihen; denn jeder meint: Ich habe recht, der hat mir das oder jenes angetan; der hat diese oder jene Eigenschaft, die ihn unmöglich macht; ich bin mit ihm fertig! Die Gründe für eine solche Einstellung erscheinen uns oft stichhaltig. Und doch heißt es im Evangelium: „Wenn du dich erinnerst, daß dein Bruder etwas gegen dich hat, gehe hin, versöhne dich erst ...“ (Mt 5, 24). Eine Versöhnung ist aber so etwas ähnliches wie ein Wunder. Wie kann man das machen?
Im Evangelium gibt es einige Stellen, die so sprechen, als wären wir wie selbstverständlich dazu fähig. Etwa, wenn Jesus zu den Jüngern sagt – und es steht dort in einer Weise, als wenn es der Kirche als ganzer gesagt wäre –: „Heilt die Kranken, weckt die Toten auf und verkündet: das Reich Gottes ist nahe“ (Mt 10, 8). Wie aber geschehen solche Wunder? Eine andere Stelle deutet es an: „Wenn ihr Glauben hättet nur so groß wie ein Senfkörnlein, dann könntet ihr Berge ver-

setzen“ (Mt 17, 20). Glaube aber woran? Welcher Glaube befähigt uns zu Wundersamem?
Jesus meint den Glauben an den Vater und an sich, der besagt: Der große, heilige Gott, der alles geschaffen hat und in dessen Händen alles liegt, er liebt. Er hält mich in seinem Blick. Er sorgt für mich, ob ich es merke oder nicht. Er sorgt selbst dann, wenn es eher aussieht wie das Gegenteil. Er läßt mich nicht fallen. Und selbst wenn ich in die Grube sinke, falle ich in seine Arme.
Gott liebt uns so, daß er in seinem Sohn einer von uns wurde. Das besagt Weihnachten. Deshalb redet dieses Fest davon, wie Wundersames geschehen kann; denn wer sich selbst geliebt weiß, der wird aufgeladen von einer Kraft, die strahlt. Das zeigt sich schon in unserem natürlichen Bereich: Welche Kraft verspürt ein Liebender! Wozu ist ein Mensch fähig, wenn er einem Geliebten etwas tun darf! Ein liebender Mensch wird schöner und in seinem Inneren gesünder. Er wird sicher und vertraut. Wer sich geliebt weiß, verspürt in sich neue Kräfte, die einen Raum des Vertrauens aufbauen. In einem solchen Raum wird Krankes heil und Kaputtes wieder ganz. Wenn Jesus also will, daß durch uns Wundersames geschehen kann, dann gilt das für den, der an die Liebe glaubt. Dann kann z.B. ein kranker oder schon toter Kontakt zu jemandem wundersam geheilt werden.
Weihnachten ist ein Fest, an dem solche Wunder geschehen müßten; denn es bringt uns in all den Bildern – vom Kind in der Krippe bis zum Gloria der Engel – nahe: Die Liebe des großen Gottes ist zu uns gekommen. Sie verwandelt alles.

Der Sieg des Glaubens

Stephanustag

Ruhig und friedlich verläuft für die meisten Menschen das Weihnachtsfest. Die Sorgen haben sie zurückgeschoben, fast heil erscheint die Welt. Da erinnert das Fest des ersten Blutzeugen der Christenheit daran: Heil und Ruhe sind noch vorläufig, sie müssen noch gesichert und gestützt werden, und zwar in einer Weise, wie der erste christliche Blutzeuge sie gefunden hat: in der Auseinandersetzung mit seiner

Umgebung und in der Arbeit an sich selbst; denn zweifach war sein Sieg:
Stephanus hat sich nicht einschüchtern und verführen lassen, weder von den taktischen Argumenten noch von den politischen Drohungen seiner Gegner. Vornehm und engagiert hat er gesagt, was er als wahr erkannt hat. Es war ihm wichtiger, diese Wahrheit zu bezeugen, als sein Leben zu sichern. Und so verwirklichte er Jesu Wort: „Wer sein Leben um meinetwillen und um des Evangeliums willen verliert, wird es gewinnen" (Mk 8, 35). Die Wahrheit Jesu war ihm wichtiger als sein Leben.
Ein zweiter Sieg ist Stephanus gelungen: der Sieg über die eigenen Gefühle. Aufs äußerste bedroht, von fanatischen und böswilligen Menschen bedrängt, verflucht er diese nicht, sondern erinnert sich seines Meisters, der mit seinen Feinden Mitleid hatte. Und so versucht auch er, ihnen zu helfen, indem er für sie betet: „Herr, rechne ihnen diese Sünde nicht an!" Stephanus will jene, die ihn gerade verderben, zum Leben bringen. Sein Gebet wird erhört. Saulus, der junge Sympathisant der Gegenseite, wird zum Nachfolger des Stephanus, zum glühenden Künder des Evangeliums.
Auch uns steht dauernd dieser zweifache Kampf ins Haus: Wenn wir wie Jesus zu denken und zu leben beginnen, müssen wir uns oftmals gegen unsere Umgebung absetzen, noch mehr aber gegen unsere eigenen Wünsche, die uns nur zu uns selbst führen und die Sicherung unseres Lebens suchen. Denn nicht ich bin die Mitte meines Lebens, sondern Gott, der alles in allem ist.

Raum des Vertrauens

Fest der heiligen Familie

Zwei Uralte begegnen uns im Lukasevangelium. Simeon und Hanna sind schon so alt, daß sie gar nicht mehr so richtig dazugehören. Sie waren eigentlich immer da im Tempel, so auch damals, als Maria und Joseph das Kind brachten zur Beschneidung. Und sie waren überglücklich: Daß wir das noch erleben dürfen! Was sonst keiner der offiziellen Tempeldiener erkannte, das sprach Simeon aus: In diesem

Kind ist der Messias zu uns gekommen. Und Simeon sagte nicht, was die anderen mit ihrem beschränkten Blick hofften, nämlich daß der Messias nur das politische Davidsreich wiederherstellen werde. Er erkannte vielmehr: Dieser ist ein Licht für die Heiden, ein Retter für alle. Doch Simeon fügte noch hinzu: Es wird schwer für ihn und auch für alle, die zu ihm halten. Auch seine Mutter wird ein Schwert des Schmerzes durchdringen, auch sie wird treffen, was ihn trifft. Denn schon die Tatsache, daß er ein Kind armer Leute war und daß die Offiziellen seinen Einzug in den Tempel nicht bemerkt haben, spricht für sich.

Jesus war Kind einer Familie, die sich nur das Armenopfer leisten konnte. Das unterstreicht, was das Fest der heiligen Familie uns vorlegen möchte: Der Sohn Gottes war Kind einer Familie – wie jeder Mensch. Er hat eine Heimat gebraucht – wie jeder Mensch. Er mußte erzogen werden und war eingebunden in ein ganz gewöhnliches Leben. Er wurde wirklich Mensch – und doch war er das Licht für die Menschheit.

Als man vor ca. 60 Jahren das Fest der heiligen Familie einführte, da hatte man wohl noch einen anderen Gedanken; denn es war die Zeit, in der die alten Familienverbände am Zerbrechen waren. Damals hat es begonnen, daß Familie schwierig wurde, wie seither immer wieder Mütter und Väter versichern. Seit dieser Zeit sind den Familien zwar äußere Lasten abgenommen: Es gibt Krankenkassen, die zahlen, wenn ein Familienmitglied krank ist; es gibt Arbeitslosenversicherungen, wenn jemand nichts verdient; es gibt Altenrenten usw. Für all das muß die Familie zwar vorsorgen, direkt aber nur noch in beschränktem Maße aufkommen. Doch nach wie vor, ja noch mehr als früher, hat sie die Aufgabe, das zu sein, was für unser aller Menschsein so entscheidend ist: Heimat und Zuhause.

Wie kann die Familie das aber leisten, wenn es schon so schwer ist, die Mitglieder zusammenzuhalten? Wenn es einer Mutter kaum mehr gelingt, am Sonntag die Heranwachsenden zum Mittagessen zusammenzuholen, weil der eine noch beim Fußball ist und der andere mit einem Freund schnell wegfährt?

Die erste Lesung (Sir 3, 2-14) könnte ein paar Tips geben. Dort wird gefragt, wie denn ein junger Mann zur rechten Weisheit finden könne. Und es werden ihm drei Hinweise gegeben, die auch unseren Familien Halt vermitteln können.

Es wird zunächst gesagt: Hab Ehrfurcht vor deinem Vater, also vor dem, der vor dir da war und dem du vieles verdankst. Selbst dann, wenn die aus der Generation zuvor keine Rolle mehr spielen wie etwa der Simeon im Evangelium, wenn sie nur noch da sind und nichts mehr tun können, sind sie wichtig. Denn sie binden unser Leben an die Vergangenheit, aus der es wirklich kommt. Sie helfen uns, Heimat zu finden. Denn Heimat findet und bekommt man nicht nur in dem und durch das, was man dauernd neu schafft, sondern vor allem auch durch das, was schon da ist. Selbst wenn die Alten immer wieder nur erzählen von dem und jenem, ja wenn sie immer wieder das Gleiche berichten, dann kommt dadurch eine Tradition auf, dann werden Maßstäbe spürbar, dann wird aus solchen Verbindungen eine Familie. Hört also auf die Alten, es ist nicht umsonst. Nicht daß sie stets dreinreden sollten, nein. Aber sie sollten uns helfen, Heimat zu schaffen.

Ein Zweites wird dem jungen Mann in der Lesung gesagt: Hab Ehrfurcht vor allem, was du nicht begreifst, d.h. vor dem Göttlichen. Denn hier erst findet der Mensch endgültig eine Heimat; von daher nämlich ist er mit allem beschenkt.

Und noch ein Drittes ist nötig, um weise zu werden: Barmherzigkeit lernen! Denn aus Erbarmen leben wir. Das Wort hat im Hebräischen den gleichen Grundstamm wie das Wort Mutterschoß. Was das Kind im Mutterleib und auf dem Mutterschoß empfangen hat, das empfangen wir immer wieder von Gott. Wer dies weiß, der erkennt: Barmherzigkeit macht fruchtbar und schenkt Heimat. Denn jeder lebt vom anderen, also lebt er auch für ihn. Und so sagt jemand nicht: Du bist für mich da, sondern umgekehrt: Ich bin für dich da! Das schafft Heimat.

So wird eine Familie zum Zeichen für die eine große Familie Gottes.

Festmachen in Gott

Zweiter Weihnachtssonntag

Am ersten Sonntag nach Weihnachten hören wir nochmals jenes Evangelium, das schon bei der Hauptmesse am Fest vorgetragen wurde: den Anfang des Johannesevangeliums. Diese Stelle spielte früher eine große Rolle bei einem feierlichen Schwur. Darauf mußte der

Schwörende die Hand legen; denn hier ist die Rede vom Anfang, und es ist das ganze Heilsgeschehen eingeschlossen. Dieses Heil steht auf dem Spiel, wenn jemand Gott zum Zeugen anruft.
Unser Heil steht auch auf dem Spiel, wenn wir in diesen Tagen ein neues Jahr beginnen; denn uns ist die Zeit gegeben, daß wir sie als Töchter und Söhne unseres Gottes in seinem Sinn gestalten.
Worauf kommt es an?
Ein Kommentator stellte in einem Wort über die Jugend resignierend fest: Wir Erwachsene und vor allem unsere öffentlichen Meinungsträger behandeln die Jugend zum einen mit Glacéhandschuhen, geben ihr aber gleichzeitig keine Orientierung. Vor allem sei die Jugend religiös noch nie so vernachlässigt und schlecht ausgebildet worden wie in unseren Tagen. Das trifft wohl nicht nur die Jugend. Wir alle wollen uns möglichst wenig weh tun, wissen im letzten kaum die Richtung und sind religiös auf dem Weg zum Analphabetentum.
Wie finden wir einen Ausweg? Woher bekommen wir Orientierung? Manche Leitlinien, an die sich viele Leute in den letzten Jahrzehnten gehalten haben, verlieren ihre Faszination: mehr verdienen, mehr erleben, mehr sein, mehr haben. Das alles endet in einer Leere. Wo aber geht es entlang? Wo liegen die wahren Ziele und die guten Wege dahin?
Die Tradition unseres Glaubens weist uns eine Methode zu: Wenn wir nicht mehr wissen, wie es weitergeht, sollen wir die alten Zeiten betrachten, wie Gott gewirkt hat bei unseren Vätern und welche Verwandtschaft unsere Lage mit Situationen der Heilsgeschichte hat. Dies zu fragen, braucht eigentlich nur eins: sich Zeit nehmen, ruhig werden, in sich hineinhören und lesen. Denn die Tradition unseres Glaubens ist unser Schatz. Sie weist uns an, wie wir auch in den Situationen unseres Lebens Gott und sein Reich entdecken können.

Im Fluß der Zeit

Neujahr: Vorabend

Wie doch die Zeit vergeht! So seufzt mancher am Silvesterabend. Schon wieder ein Jahr vorbei! Ich meine gerade, das alte habe erst begonnen! Als ich ein Kind war, da vergingen die Tage überhaupt nicht, da war ein Jahr unendlich lang. Doch jetzt zerrinnen mir die Tage unter den Fingern. Je mehr ich zu tun habe und je mehr sich ereignet, umso kürzer wird mir die Zeit. Welchen Reim soll ich mir darauf machen?

Als Jesus Christus auf die Welt kam, da hat sich auch etwas ereignet mit der Zeit, mit dem Nacheinander und dem ewigen Frühling und Sommer, Herbst und Winter. Da ist in dieses Zeitgefüge eine neue Dimension gekommen.

Zwar gibt es noch das Werden und Vergehen, die Länge und Kürze, die Freudenzeit und die Trauertage. Aber doch ist für den Glauben etwas Entscheidendes verändert. Er weiß sich losgebunden von den ehernen Gesetzen des Werdens und Vergehens; denn er ist letztlich beheimatet im Überzeitlichen Gottes, als Erbe der Welt Gottes.

Damit erschrecken ihn die Beschwernisse der Zeit nur noch bedingt; denn alles, was er tut, sei es in Worten oder in Werken, kann er jetzt tun im Namen Jesu zur Ehre des Vaters, und zwar in dem Sinn, daß er schon angebunden wird an die ewigen Wirklichkeiten. Mag alles, was er denkt, schreibt oder aufbaut, wieder verrotten und einfallen, etwas davon bleibt. Es geht ein in die Umrisse der neuen Welt. Nichts von dem, was in der erfüllten Zeit geschieht, geht endgültig verloren für den, der jetzt schon rufen kann: Abba, Vater; denn er ist zu einem angenommenen Sohn geworden.

Wie immer uns die kurze Zeit bedrängen mag, wir sollten bedenken, daß wir Töchter und Söhne der Ewigkeit sind.

Maria als Leitbild

Neujahr: am Tag

Einige Tage werden wir wohl brauchen, bis wir uns daran gewöhnt haben, die neue Jahreszahl zu schreiben; denn es kommt uns fast zu schnell, dieses neue Jahr. Die 365 Tage des alten sind wie verflogen. Die Zeit scheint immer kürzer zu werden. Je mehr wir eingespannt sind in Arbeit, um so gedrängter werden unsere Tage, Wochen und Jahre. Unwillkürlich mögen wir uns fragen: Was bleibt uns an Zeit? Wie können wir sie nützen? Wozu ist sie uns gegeben?

Das Fest, das auf den Beginn des bürgerlichen Jahres gelegt wurde, möchte darauf antworten. Es ist ein Fest Mariens. Ihre Gottesmutterschaft steht in der Mitte; denn mit diesem Geheimnis beginnt etwas Neues in der Geschichte des Heiles. Es besagt im letzten: In Jesus ist uns wirklich Gott nahegekommen. „Als die Fülle der Zeiten gekommen war, sandte Gott seinen Sohn, geboren von einer Frau, gestellt unter das Gesetz" (Gal 4, 4). In unsere Bedingungen hat er sich hereinbegeben, Armut, Verkennung, Begrenztheit, ja Tod auf sich genommen. „Damit wir das Recht von Söhnen erlangen" (Gal 4, 5), das darin besteht, daß wir Gott als Vater ansprechen dürfen und uns nicht mehr wie Sklaven und Eingezwängte fühlen müssen, sondern als Berufene für die große Wirklichkeit Gottes.
Zwar bleiben wir in den äußeren Bedingungen des Leides und Todes gefangen, von innen her aber haben wir eine neue Perspektive, eine neue Freiheit gewonnen, die Freiheit der Kinder Gottes: Armut, Grenze, Leid und Tod bekommen ein anderes Gesicht. Zwar belasten sie uns, aber sie pressen uns nicht völlig aus. In Ketten noch können wir uns frei wissen; in Schmerzen noch können wir ein inneres Glück spüren; im Sterben noch können wir wissen: Ich bin für das Leben geschaffen; denn Gott ist mit mir.
So bleiben zwar die Bedingungen wie eh und je, aber sie sind von innen her verändert, wenn wir glauben: Gott selbst ist in seinem Sohn in unsere Welt hereingekommen. Und gerade das sagt der Titel Mariens: Gottesmutter.
Maria, der Typus des neutestamentlichen Menschen, die besonders Erwählte, sie sei unser Leitbild im neuen Jahr mit dem Motto ihres Lebens: Siehe, ich bin eine Magd des Herrn! Mir geschehe nach deinem Wort.

Das Bleibende des Augenblicks

Neujahr: am Abend

Vor wenigen Stunden hat ein neues Jahr begonnen. Unsere Erde hat sich einmal um die Sonne gedreht und den Punkt erreicht, an dem eine neue Runde beginnt.

Wir haben heute nacht gefeiert, haben auf unsere Gesundheit und unsere Zukunft angestoßen und uns Glück gewünscht, haben Krach gemacht und mit allerlei Späßen daran erinnert: Wir leben und dürfen noch leben.
Und doch kann an einem solchen Tag der Gedanke nicht verdrängt werden, daß wir in der Zeit leben und daß die Zeit uns mitnimmt. Irgendwann, so denken wir, wird es auch für mich ein Ende geben. Aber noch lebe ich! Ja, ich habe mein eigentliches Leben noch vor mir. Ich werde dieses eigentliche Leben bald einleiten, wenn ich mir vornehme, weniger zu arbeiten, schlanker zu werden, nicht mehr zu rauchen und noch manches andere, was in das Bild meines Lebens hineinzugehören scheint. Das Eigentliche habe ich doch noch vor mir! So fühlen viele.
Doch wer ein wahrer Freund sein will, der muß sagen: Du irrst! Das eigentliche Leben liegt nicht vor dir, du steckst längst mitten drin! Was du jetzt lebst, das ist dein Leben. Nicht dein Idealbild von einem schlanken, reichen, mächtigen, liebenswerten oder sonstwie gearteten Menschen ist deine Zukunft, sondern: wie du bist. Jetzt schon lebst du deine Zukunft. Das gilt auch für ein bleibendes Leben, wie der Glaube es verspricht. Denn das ist wohl nicht etwas von unserem jetzigen Leben Abgehobenes. Was wir hier und jetzt sind und werden, das werden wir bleiben. Was wir hier und jetzt aus dem Material und den Möglichkeiten unserer Existenz machen, das werden wir sein, das wird Gott annehmen und in den Plan seiner Welt einbinden. Nichts ist in dem Sinn vorläufig, als sei es ohne Bedeutung. Ich kann nicht etwas sagen und dann hinzufügen: Betrachte es als nicht gesagt. Es ist gesagt. Ich kann nicht etwas tun und dann vorgeben, es sei nicht getan. Ich habe es getan. Alles, was wir tun, hat Bedeutung. Doch für alles gibt uns der Glaube Hilfen; nicht in dem Sinn, daß Christus alle Krankheiten heilt, uns lästige Arbeiten abnimmt oder unsere Sorgen vertreibt. Er ist mitten in unsere sorgenerfüllte und gefährdete Welt hereingekommen und hat das alles mitgelebt bis ans Kreuz. Er hat uns nicht von all dem, was uns belastet, erlöst. Auch nicht in dem Sinne, daß er sagt: Nehmt nichts so ernst, laßt euch Zeit, in der Ewigkeit wird alles besser. Nein. Er erlöst uns zwar für eine Ewigkeit, aber nicht gegen unser jetziges Leben. Die Ewigkeit beginnt schon jetzt mitten in diesem Leben. Hier ist Jesus für uns der Heiland, dessen Name besagt: Gott ist Heil. Er gibt unserem Leben eine neue Dimen-

sion. Die Lesung (Num 6, 22-27) deutet sie an in dem dreifachen Segenswunsch: Gott beschützt. Wie immer es kommt, von einem dürfen wir überzeugt sein: Wir können nicht untergehen; denn das Gesicht Gottes ist nie von uns abgewandt. Nicht im Sinne Orwells, daß wir Angst haben müßten vor einem großen Bruder, der uns keinen Schritt selbständig machen läßt; nicht im Sinne eines heimlich-unheimlichen Dauer-Kontrolleurs. Wir sind in die Freiheit entlassen und können uns in Freiheit bewegen, jedoch im Sinne eines Geliebten, den man freiläßt, aber immer schützt, wann immer er Schutz sucht. Und noch ein Drittes wird uns zugesagt: Gott schenkt Heil. Er macht gesund, was an uns krank ist. Er reißt uns aus der Angst, wir könnten untergehen. Es gibt also ein Heilwerden. Es schaut allerdings anders aus, als wir es uns oft wünschen. Aber wir werden in dem Maße innerlich gesund, in dem wir die Angst überwinden aus dem Glauben, der sicher weiß: Herr, du trägst mich. Und wenn ich selbst in die Grube falle, deine Hand fängt mich auf.
So wünschen wir uns für das neue Jahr das Gefühl der Freiheit aus dem Wissen: Der heilige, große Gott schaut auf uns, er schützt uns und heilt unser Innerstes, weil er uns liebt.

Suchet den Herrn

Epiphanie: am Morgen

Die theologische Intention des Evangeliums (Mt 2, 1-12) lautet: Das Kind in Betlehem ist der König für alle Menschen aller Zeiten, für Juden und Heiden. Die in einen politischen und religiösen Staats- und Religionsbetrieb eingefahrenen Offiziellen in Jerusalem konnten den fragenden Heiden zwar eine abstrakt-theologische Antwort geben, aber zum Messias konnten sie sie nicht führen. Die Heiden finden ihn selbst, geleitet von ihrem Stern, ihrer eigenen Interpretation einer äußeren Erscheinung.
Die Magier sind uns Hinweis, wie auch wir Christus finden können. Sie sind aus ihrer gewöhnlichen Welt aufgebrochen, um Großes zu entdecken. Ihre Sehnsucht führt sie und gibt ihnen einen Hinweis, den Stern zu deuten. Sie plagen sich. Und so enttäuschend die Ant-

wort derer, die eigentlich etwas hätten wissen müssen, auch ausgefallen ist, sie ergänzt doch die eigene Deutung und führt weiter.
Im unscheinbaren Kind erkennen sie den ersehnten Messias. Und sie bringen ihm die Symbole ihres eigenen Lebens zum Geschenk, den Besitz, die Sehnsucht und alle Plage.
Angesichts des neuen Königs wird ihnen die Erkenntnis zuteil, daß sie einen anderen Rückweg nehmen müssen, um das Neuerkannte nicht zu gefährden.
Sie waren Heiden. Ihre Intuition brachte sie zum Messias, wozu das ganze Glaubenswissen der eigentlich Berufenen nicht ausreichte, weil es ohne innere Sehnsucht lediglich verwaltet wurde. Alle aus der Sehnsucht nach dem Göttlichen erwachsenden Intuitionen können wie der Stern der Magier uns Menschen zur Erkenntnis der Wahrheit hinführen, wenn wir keine Mühe scheuen, den Herrn zu suchen. Dann kann auch in einem unscheinbaren Zeichen wie in dem Kind armer Leute der Messias entdeckt werden.
Der traditionell Gläubige in uns und der Heide in uns – sie beide wollen den Herrn suchen. Und wenn wir ihn gefunden haben, sollen wir ihm unser ganzes Leben anbieten, das Gold unserer Liebe, den Weihrauch unseres Respekts und die Myrrhe unserer Beschwerden; denn er ist unser Herr und der Herr der ganzen Welt.

Die Gaben der Heiden

Epiphanie: am Tag

Die Weisheit aus dem Osten kommt in Gestalt der Magier. Sie haben eine kleine Veränderung des Sternenhimmels so gedeutet, daß etwas entscheidend Neues in der Welt passiert ist. Sie kommen und drücken in Zeichen aus, worin das Besondere besteht: Gold bringen sie dem Kind, das Wertvollste, das sie kennen. Die Werte der Welt und alles Wertvolle zusammen gehören ihm; denn er ist der königliche Herr. Und sie bringen Weihrauch, ein Symbol der Anbetung; denn Weihrauch erzeugt eine Wolke; die Wolke aber ist ein Symbol für das anwesend Göttliche. Sie verhüllt und ist doch da. Die Wolke, die aufsteigt, ist Zeichen dafür, daß Gott selbst in diesem Kind anwesend ist.

Er ist der Herr der Welt, der König aller Schätze, der Inbegriff des göttlichen Bereiches.
Die Magier bringen noch eine dritte Gabe, eine Medizin, ein Bitterkraut. Es erinnert an Krankheit, an Leid und Tod. Und doch ist es ein Heilkraut. Das Kind ist der Heiland der Welt.
So sagen die Gaben, wer das Kind ist und wie es zu uns steht: Der Herr der Welt ist bei uns erschienen, um zu heilen.
Das ist die Botschaft von Epiphanie. Wie können wir sie für uns fruchtbar machen?
Die Religion und der Glaube sind eine sehr diffizile Angelegenheit. Leicht kann ihre Botschaft verschüttet werden im laufenden Betrieb, sogar im lauten Kirchenbetrieb, der sich in Liturgiefeier und Verwaltung erschöpft.
Religion muß an ganz kleinen Zeichen erspüren, daß Gott nahe ist. Dann müssen wir anbeten und alles, was uns einen Wert bedeutet, auf ihn hinordnen, und zwar im Vertrauen darauf: Hier ist meine Rettung, hier werde ich gesund.
Vielleicht erschrecken wir über so manches leise Zeichen, daß sich da etwas verändern mag, daß wir aus unserer bequemen Ruhe herausgeholt werden. Aber wenn wir recht zu deuten lernen, dann wird uns ein solches Erschrecken zum Segen; denn der Herr ist erschienen in unserem Fleisch, um uns zu retten.

Suchender Glaube – stumme Theologie

Epiphanie: am Abend

Die Deuter der Sterne finden den Weg zu Christus. Sie sind überzeugt: Es geht uns etwas an, daß da ein neuer König geboren wurde. Sie huldigen und bringen etwas mit, was ihre Deutung unterstreicht: Gold dem Königssohn, Weihrauch dem Gottessohn und Myrrhe dem Menschensohn.
Die offiziellen Deuter der Schrift dagegen finden nur kritisch das historische Faktum: In Betlehem wird er geboren. Doch sie finden es so, als ginge es sie nichts an, im Gegenteil: Sie liefern mit ihrem theologischen Wissen nur dem Gegner Material. Und dieser will verhin-

dern, daß sich durch eine theologische Aussage etwas verändert. Er vernichtet alle in Frage kommenden Kinder und vertreibt so die Familie Jesu in das Land jener einstigen Zwingherren, bei denen Israel zum ersten Mal erfahren durfte, daß Gott es befreit und mit ihm geht. Ihr theologisches Wissen hat den Schriftdeutern nichts genützt. Das Wissen der Heiden hingegen, das engagiert, offen und ehrlich hingedeutet wurde auf das Leben, brachte die Weisen zur Erkenntnis: Hier beginnt etwas Neues. Dadurch wurden sie fähig, auch in dem unscheinbaren Kind armer Leute den kommenden Erlöser zu sehen.

Vieles kann dem zum Zeichen werden, der lauter und mit ganzem Herzen zu fragen und zu suchen beginnt. Denn alles kann Zeichen werden für den, der hinter allem steht. Gott hat alles ins Dasein gesetzt. Deshalb kann ihn alles widerspiegeln. Er hat das All geschaffen, die Sterne und die Meere, die Länder und alle Wesen. Ihm gehört das All. Von ihm kündet alles. Freilich sprechen die Dinge in einer Weise, die mehrdeutig ist. Nur den führen sie näher zu Gott, der sich glaubend schon an ihn angebunden hat. Erst wo jemand glaubt, wird ihm alles zum Zeichen.

Der Glaube aber kommt vom Zeugnis, wie wir es in der Schrift finden und wie wir es vermittelt bekommen von Menschen, die lauter und ehrlich sich an Gott angebunden haben.

Die frohe Botschaft der Epiphanie lautet: Der Herr offenbart sich allen, die ihn ehrlich suchen. Die Mahnung besagt: Es ist nicht genug, ein Wissen zu haben über Gott und sein Reich. Dieses bringt uns erst zu Gott, wenn wir hoffend suchen und uns selbst als Gabe mitbringen: das Gold des eigenen Wertes, den Weihrauch der Anbetung und die Myrrhe unserer Menschlichkeit.

Leben im Sterben

Fest der Taufe Jesu

Aus dem Wasser kommt Leben. Ein paar Tropfen genügen, um in der tot scheinenden Wüste vieles erblühen zu lassen. Wasser vermittelt Leben. Aber Wasser bringt auch den Tod. Eine Überschwemmung reißt alles mit. Das Land versinkt. Das Meer verschlingt Leben und bringt Tod! Darum geht es auch am heutigen Fest. Jesus steigt in das Wasser hinab. Er taucht ein in das Dasein zum Tode; denn im Augenblick unserer Zeugung beginnen wir auch schon wieder zu sterben. Täglich sterben wir im Laufe unserer Tage viele Tode. Zellen sterben ab und erneuern sich. Beziehungen vergehen und machen anderen Platz. Schmerz zerstört das Lachen, und das Wachsen verschlingt das Kindsein. Wir sind geboren zum Tode. Unser Dasein ist ein Sein zum Tod.

Jesus steigt in unser Dasein des Absterbens hinab. Und er taucht aus dem Wasser wieder auf. Während er aufsteigt, wird klar, daß er nicht umsonst herabgestiegen ist zu uns: Er ist der Sohn, geliebt und erwählt. Deshalb verändert sein Dasein bei uns unsere Existenz. Denn er nimmt diese Existenz des Todes an dem Punkt in die Hand, an dem diese uns in einen zweiten, bleibenden Tod hinabzieht,nämlich in die Entfremdung von Gott.

Unser Dasein, das von Anfang an auf Veränderung, auf Werden und Vergehen angelegt ist, wird erst dann sinnleer, wenn wir von Gott abgekoppelt sind.

Jesus bindet jede Sekunde seines Daseins, auch seines Daseins zum Tode, an die Liebe des Vaters an; denn er ist der geliebte und erwählte Sohn. Dadurch bekommen das Sterben und das Werden eine andere Qualität. Sie werden zum Zeichen der Hingabe und Liebe. Denn sie schließen das Vertrauen in sich: Du, Vater, läßt mich nicht hängen, da du mich liebst. Und weil du mich liebst, vergißt du mich nicht. Woran du aber denkst, das ist wirklich. Du denkst auch noch an mich als den aus Liebe Sterbenden.

So hat Jesus unser Sein zum Tode verändert, und damit auch den Endpunkt unseres Seins, unseren Tod. Das Fest der Taufe Jesu eröffnet uns wieder den Kern unseres Glaubens: Auch im Tod ist noch Leben, weil Jesus unser Dasein zum Tode in ein Dasein zum Leben verwandelt hat. Was aber heißt das für uns?

In unserer Generation steckt die Tendenz, das Leben immer noch bequemer zu gestalten und andere gerne für sich arbeiten zu lassen. Beides ist der Versuch, das Faktum des Todes zu überspielen, nicht in das Wasser des Todes hinabsteigen zu wollen.

Wer aber mit Christus verbunden sein will, der muß mit ihm hinabsteigen in die Wasser des Todes; denn nur so kann er zeigen, daß diese Wasser zum Wasser des Lebens geworden sind. Deshalb müssen wir

in all unser Mühen, etwas zu verbessern, und in unseren Umgang mit den anderen diese Dimension Christi einbringen, die heißt: alles bezogen wissen auf den Vater und alles Sterben zum Zeichen der Hingabe und Liebe werden lassen.
Von Gott her zu denken lernen und vom anderen her, das schließt unsere Taufe mit ein. Was willst du, mein Gott? Und was dient dem anderen mehr? Das sind die Fragen, die uns immer wieder beschäftigen müssen, und nicht Fragen, wie man sie heute schon im Kindergartenalter lernt: Wie bekomme ich mehr, und was bringt das für mich? Die Taufe fordert ein alternatives Denken. Wie weit wir doch davon weg sind! So bleibt uns nur noch zu beten: Herr, hilf!

Licht zur Erleuchtung der Heiden

Lichtmeß

Immer mehr Anzeichen gibt es, die deutlich machen: In unsere Umgebung zieht Heidentum ein. Ein Lehrer erzählte kürzlich, mehr als die Hälfte der Kinder, die eingeschult werden, könnten das Kreuzzeichen nicht machen und das Vaterunser nicht beten. Da fehlt nicht nur ein übliches katholisches Zeichen, da fehlt auch der Inhalt. Manches, was sich in unserer Öffentlichkeit ereignet, ist nicht mehr gespeist vom christlichen Geist, sondern von heidnischem. Viele Leute leben, als ob es Gott nicht gäbe. Das wird auch propagiert. Gott wird nicht einberechnet. Wir sind doch eigenverantwortlich. Heidentum durchwächst unsere Gesellschaft und verdunkelt sie. Im heutigen Evangelium aber wird gesagt: Christus ist das Licht zur Erleuchtung der Heiden.
Der greise Simeon und die Greisin Anna haben das Kind Jesus gesehen und wußten: Dieses Kind ist bestimmt, Heidentum aus der Welt zu entfernen und die Menschen zu erleuchten. Sie selbst waren ihr Leben lang darauf bedacht gewesen, dieses Licht zu finden. Sie gehörten zu den Frommen, zu den Armen und Einfachen. Sie lebten in der Nähe des Tempels. Sie erhofften sich nicht Glück von dem und jenem. Sie hatten nicht vertraut auf die vielen politischen Schachzüge, die die offizielle Leitung damals unternahm, um Israel doch noch als Größe

einzubringen und irgendwie noch die göttliche Wirklichkeit im Gefüge der Welt aufscheinen zu lassen. Simeon und Anna erhofften sich einzig von Gott die Rettung. Sie warteten und beteten. Sie bereiteten sich darauf vor, Gottes Ankunft zu schauen. So waren sie fähig, ihn zu erkennen im einfachen Kind.

Gleichzeitig hat Simeon auch gesagt, in welcher Weise er der Mutter Glück wünschen kann: Der Sohn wird kein Brot-Messias sein, kein politisches Phänomen, kein Schau-Mann. Er wird vielmehr zum Zeichen des Anstoßes werden. Die Mutter selbst wird Schmerzen tragen müssen. Ihr Sohn wird also nicht von Schmerzen erlösen. Seine Erlösung besteht vielmehr darin, den Menschen, der lebt, als gäbe es keinen Gott, hinzuführen zum Vertrauen auf diesen Gott. Ihm zu zeigen: Die göttliche Wirklichkeit greift in dein Leben ein. Das bringt Segen.

So halten auch wir es heute: Wenn wir jemandem Segen wünschen, d.h., wenn wir Glück wünschen, dann machen wir über ihn das Zeichen des Kreuzes. Wir segnen im Zeichen des Kreuzes. Wir wissen also, was Simeon wußte: Jesus als Erlöser und Retter hat uns kein Glück gebracht, das Leid und Schmerz abschafft, sondern hat durch dieses Leid hindurch und in diesem Leid einen Weg gebahnt, der zur göttlichen Wirklichkeit hinführt.

So überwindet Jesus Heidentum. Ein Leben, das sich gebärdet, als gäbe es keinen Gott, wird umgewandelt in ein Leben, das geprägt ist von dem Wissen: Mit mir geht mein Gott. Alles wird davon geprägt, alles dadurch verändert. Gott wird alles in allem. Von ihm darf ich alles erwarten. Er läßt mich nicht hängen, selbst in der äußersten Not nicht. Das ist das Licht.

Osterfestkreis

Ein fröhliches Fasten

Aschermittwoch

Wir machen es uns oft leicht mit der Buße. Zu mehr Gebet haben wir nicht Zeit, da wir viel arbeiten müssen; das Fasten verstehen wir gern im übertragenen Sinn, da Gott doch nichts haben kann davon, wenn wir weniger essen oder uns einen Genuß versagen; und das Almosengeben überlassen wir den einschlägigen Institutionen, da sie effektiver helfen können. So bleibt alles beim alten, und es kann in der Fastenzeit weitergehen, wie es immer war. Doch wir verpassen damit eine Chance, die uns der Glaube anbietet. Der Ritus des Aschenkreuzes deutet es an:
Zwar wirkt es wie eine Drohung, wenn uns gesagt wird: „Bedenke, o Mensch, Staub bist du und zum Staub kehrst du zurück." Aber es möchte doch eine Frohbotschaft vermitteln; denn es spricht zunächst nur eine Tatsache an: Alles an uns vergeht unweigerlich. Das Leben verbraucht sich, und wir werden zu Staub. Und auch unser Werk vergeht. Die Papiere, die wir schreiben, werden vergilben; die Häuser, die wir bauen, werden einfallen; die Ordnungen, die wir festsetzen, werden abgeändert. Alles vergeht, und wir mit.
Aber das ist nur die eine Seite. Auf der anderen zeigt unser Glaube eine Hoffnung: Nichts von all dem geht endgültig kaputt, wenn es an Jesus Christus und den Vater-Gott angebunden wird. Unser Leben entwickelt sich; da gibt es viele Stationen, die vergangen sind und die noch unsere heutige Reife bestimmt haben. Wir werden einmal sein, was wir geworden sind. Unsere Werke und all das, was wir zuwege gebracht haben, hängt an uns und wird in der Weise mit uns bleiben, wie wir selbst existieren – angebunden an den Bereich des Göttlichen. Darum ist es wichtig, daß wir in rechter Weise unseren Weg gehen; denn alles, was ungültig ist, bleibt Staub. Das Gültige aber hat eine bleibende Zukunft.

Nun ist es aber in unserem privaten Leben und in unserer Kirche so, wie es bei allen irdischen Dingen ist: Sie verschlacken, werden alt und träge und müssen immer wieder erneuert werden.

Dazu verhilft uns die Buße. Methoden der Buße sind seit alters Fasten, Beten und Almosengeben.

Zum Fasten: Das Einschränken vitaler Bedürfnisse läßt freier werden und bewußter leben. Wenn ich einmal weniger esse, dann schmeckt es mir möglicherweise das nächste Mal besser, und ich werde fähig, etwas, das ich ansonsten einfach so tue, deutlicher ins Bewußtsein zu heben. Wenn ich etwa weniger fernsehe, dann wird mir die eine Sendung, die ich vielleicht pro Woche anschaue, tiefer ins Gemüt dringen.

Fasten verlagert die Interessen, die immer im vitalen Bereich gründen, – im Wunsch nach Besitz, Macht und Eros. Einschränkung in diesem vitalen Bereich läßt andere Interessen in den Blick kommen. Vielleicht befähigt uns ein irgendwie geübtes Fasten dazu, unsere Gegner und unsere Opposition zu begreifen und ihre Interessen nachzufühlen.

Zum Gebet: Das Gebet kann gefährlich sein; denn wir begegnen dem lebendigen Gott. Wir dürfen es nicht verharmlosen. Es ist eine Methode, Abstand zu bekommen von dem, was uns fixiert, und uns auf den Ewigen schauen zu lassen. Das Beten ist echt, wenn der ganze Mensch sich der göttlichen Wirklichkeit zuwendet. Und das hat zur Folge, daß alles davon betroffen ist. Ob ein Gebet gelungen ist, merkt man daran, daß ein Mensch offener, freier und liebenswürdiger geworden ist.

Zum Almosengeben: Das Almosengeben ist verpönt, aber doch heilsam; denn wer einmal seine Konten abgeräumt hat und spürt, was es bedeutet, etwas nicht mehr kaufen zu können, der findet vielleicht zu einer neuen Solidarität zu den Mitmenschen. Und die Solidarität ist das entscheidende Markenzeichen des Glaubens.

Und das ist vielleicht das Dringendste, was wir brauchen. Es ist ein Manko in unserer Kirche, daß der Glaube weggerutscht ist aus dem Normalleben. Da ist soviel offiziell geworden und grundsätzlich. Doch das Reich Gottes will sich einnisten im privaten Bereich des einzelnen, der Familie und der Gemeinde – dort, wo Beziehungen entstehen, dort, wo gelebt, geliebt und gestorben wird.

Als einzelne und als Verantwortliche sind wir heute in neuer Weise auf die Buße verwiesen; denn das kündet sie uns als frohe Botschaft: Mag alles zerbröseln zu Staub, wir selbst und unser Werk bleiben aufgehoben in Gottes Reich.

Hosanna dem Sohne Davids

Palmsonntag

Ursprünglich war es ein Bittruf, das Hosanna, das bedeutete: Hilf doch! Man hat es Gott zugerufen, gelegentlich wohl auch seinen Dienern, den Königen. Doch schon in der Zeit der großen Propheten hat es seinen Inhalt gewandelt und wurde ein Jubelruf mit der Bedeutung von Heil.

Die Leute rufen Jesus dieses Wort zu, als er vor dem letzten Osterfest in Jerusalem einzieht. Und sie schwenken Palmzweige, die – vom „fürstlichen" Baum geschnitten – als Zeichen für Huldigung und Vollendung angesehen wurden.

Die Szene wurde wohl von den Anhängern wie auch von den Gegnern Jesu verstanden als ein Auftakt eines neuen Anfangs. Jetzt kommt der Davidssohn! Jetzt geht etwas Neues an. Die Zeit der Erlösung von all den bedrängenden Zuständen beginnt. So drücken die Anhänger Jesu ihre Hoffnung aus. Lächerlich aber erscheint es wohl seinen Feinden: Wie kann er sich nur dafür hergeben! Da sieht man es, welcher Geist in ihm steckt! Das Ganze ist doch unerhört. Der bringt noch das Volk durcheinander! Jetzt geht er zu weit. Politisch ist das Ganze geradezu gefährlich. Religiös bringt er nur alles durcheinander. So ähnlich haben wohl Jesu Gegner gedacht, und in diesem ihrem Denken steckt auch schon gleich das Urteil: Er muß weg!

Doch wir feiern heute im nachgespielten Festzug der Palmprozession den Sieg Christi, wie er uns gelehrt wird: Die Vollendung hat begonnen, damals, als er am Kreuz hing. Als sich sein Leben vollendete, da war ein Sieg perfekt, obwohl er sich politisch wie eine Niederlage darstellte. Von innen heraus ist da etwas umgewandelt. Das Menschsein hat sich verändert. Im Sterben Jesu als der Zusammenfassung seines Lebens ist ein Durchbruch geschehen. Er hat stellvertretend für alle

Menschen das Menschsein vor den Vater-Gott hingelegt in einer Weise, wie es von Anfang an gedacht war – als liebende Antwort auf die Liebe des Schöpfers.
So ist Heil gekommen. So hat sich die Vollendung angebahnt. Hosanna, dem Sohne Davids; denn Jesus war dieser Nachfahre eines Menschen. Doch er war auch der Sohn des Vater-Gottes. Und beides hat er vereint – und uns so erlöst.

Der Gesalbte

Gründonnerstag: am Morgen

Öl ist ein Gebrauchsgegenstand, auch heute noch. In dreifacher Weise verwenden wir es: als Nahrung, als Medizin und als Kosmetikum. Und in jeder dieser Funktionen ist es in unserer Liturgie ein Zeichen, wie es die Ölweihe darstellt, die jeder Diözesanbischof am Morgen des Gründonnerstags für sein Bistum vornimmt.
Das Krankenöl: „Ist jemand von euch krank, so rufe er die Ältesten der Kirche zu sich; sie sollen Gebete über ihn sprechen und ihn im Namen des Herrn mit Öl salben. Das gläubige Gebet wird den Kranken retten, und der Herr wird ihn aufrichten; wenn er Sünden begangen hat, werden sie ihm vergeben" (Jak 5, 14). Das Öl unterstreicht, was wir im Gebet erhoffen: Jesus ist uns als Heiland nahe. Die Kirche als ganze glaubt daran. Ihre Repräsentanten, die Ältesten, drücken diesen Glauben in ihrem Gebet aus. Und sie vermitteln die Medizin, die heilt. Jesus ist die wahre Medizin, er ist der Heiland.
Das Katechumenenöl: Wie problematisch dieses Zeichen für viele geworden ist, zeigt die Tatsache, daß die Salbung auch unterbleiben oder durch eine Handauflegung ersetzt werden kann. Doch das Katechumenenöl ist ein Symbol der Stärkung. Als Bilder zum Verständnis dieses Zeichens könnten uns dienen: Die mit Öl eingeriebenen Ringkämpfer werden nicht so leicht gepackt werden können. Das Öl hat stärkende Wirkung als Nahrung. Dem Schwerarbeiter wird ein in Öl getauchtes (oder mit Fett bzw. Butter bestrichenes) Brot mehr Kraft bringen als trockenes Brot.
Der Chrisam ist ein besonderes Öl. Er ist zusammengesetzt aus Olivenöl und Balsam, einem öligen Saft aus der Balsampflanze. Diese

Mischung gibt ein wertvolles Kosmetikum. Wer mit Chrisam gesalbt wird, ist veredelt.
Es war das Vorrecht der Könige, der Propheten und der Priester, damit gesalbt zu werden. Die Salbung war Zeichen ihrer Auserwählung und ihrer Würde.
Dann wurde der Ausdruck „der Gesalbte" zum Symbolwort für den Messias, den Auserwählten schlechthin.
Und schon in der ersten Generation wurden die Anhänger Jesu Christen genannt, die Anhänger des Christus, des Gesalbten. Unmittelbar nach der Taufe wird der Täufling mit Chrisam gesalbt. Das drückt aus: Er gehört jetzt zu einem heiligen Volk, zu einem königlichen Geschlecht, zu einer heiligen Priesterschaft. Jeder Christ ist ein Auserwählter (vgl. 1 Petr 2, 9).
Freilich wird eine Salbung mit Chrisam auch noch zusätzlich vorgenommen, wenn jemand einen besonderen Dienst innerhalb des heiligen Volkes ausüben soll: Der Bischof als der Repräsentant des Amtes in der Kirche, als Künder, Hirte und Priester wird an Haupt und Händen gesalbt. Dem Priester als dem Mitarbeiter des Bischofs werden die Hände gesalbt.
Auch besonders ausgewählte Gegenstände, Symbole des Heiligen, werden mit Chrisam bestrichen: eine Kirche (12 Apostelkreuze), ein Altar (der Ort des Opfers Christi, der Tisch des heiligen Mahles, das Zeichen des Grabes Christi und eines seiner Zeugen), eine Glocke (sie ruft zum Gottesdienst und zeigt die heiligen Augenblicke an).
Uns ist die Symbolwelt weithin verschlossen. Wir kennen sie nur noch im Traum (und den nehmen wir erst im Fall einer psychischen Erkrankung ernst). Doch fällt uns damit eine Erkenntnisquelle aus, die oft tiefer in die religiöse Wirklichkeit hineinführen könnte als alle Worte. Deshalb sollen wir uns einzufühlen suchen.
Der Gründonnerstag faßt zusammen, was Christsein meint. In den darauffolgenden Tagen wird der Grund dafür durchgespielt: Jesu Leben, Sterben und Auferstehen.
Was sagt uns der Gründonnerstag?
– Wir sind Christen.
– Die Kirche ist die Sammlung der Erwählten.
– Jesus ist unser Heiland.
– Wir werden gestärkt.
Heute feiern wir, was wir sind: Christen, Gesalbte.

Ich bin das Brot des Lebens

Gründonnerstag: am Tag

Wenn zwei Menschen sich sehr gern haben, dann sagen sie in unserer Umgangssprache: Ich könnte dich verschlingen, ich könnte dich fressen. Und sie meinen damit: Ich möchte mit dir ganz eins sein, möchte immer bei dir sein, möchte von dir abhängen und dich an mich hängen, möchte für dich sorgen und von dir versorgt sein.
So ähnlich müssen wir wohl auch das Wort Jesu im Evangelium verstehen, wenn er sagt: Ich bin für euch Brot. Ihr sollt mich in euch hineinessen. Ich möchte mit euch ganz eng verbunden sein. Ich möchte für euch sorgen. Und zwar in dem Sinn, daß ihr angehängt werdet an das Leben, das hinüberreicht in die Ewigkeit.
Ich bin das Brot des Lebens. Ich bin für euch so etwas ähnliches wie das Brot zum Leben, das ihr täglich braucht, damit ihr existieren könnt. Ich möchte es möglich machen, daß ihr für eine Ewigkeit existieren könnt, daß euer Leben angebunden wird an den Bereich des Gottes, den ich Vater nennen kann.
Diese Aussage des Evangeliums gilt vor dem Hintergrund des Vorausgehenden. Dort ist immer wieder gesagt, wer Jesus ist: Er kommt von oben. Er kommt aus dem Bereich des Vaters. Er ist gekommen, weil er die Liebe Gottes in die Welt bringen wollte und diese angesagt hat. Und nun wird gezeigt, was diese Liebe will: sich mit uns vereinen. Denn wir sind geliebt von Gott, in Jesus. Er will sich mit uns vereinen, damit wir immer mit ihm zusammen sind, damit wir uns von ihm abhängig machen und er für uns sorgen darf, damit wir in seiner Intention unser Leben gestalten und somit dazu beitragen, daß Elemente des Reiches Gottes schon in unsere Welt hereinkommen.
Ich bin das Brot des Lebens, sagt Jesus. Ich bin euch Nahrung, die euch stärkt, damit euer Leben Ewigkeitscharakter bekommt.
Das ist die Botschaft unseres Evangeliums. Und als Mahnung steckt darin: Wir sollen uns immer wieder einen mit dem Herrn, der von oben kam, um uns dorthin zu führen. Wir sollen uns dann einen, wenn wir uns mit ihm beschäftigen. Wir sollen uns mit ihm einen, wenn wir das eigene Leben anschauen und uns dabei unserer Sünden bewußtwerden in der Beichte. Wir sollen uns mit ihm einen, wenn

wir zum Sakrament des Altares gehen und das Zeichen seiner wirklichen Gegenwart empfangen.
Wir sollen uns einen mit ihm beim Empfang jedes der uns gegebenen Sakramente, der Zeichen seiner Gegenwart. Sie sind uns geschenkt, damit wir wissen: Wir sind geliebt von Gott. In Christus ist uns Gott nahegekommen, zum Heil der ganzen Welt.

Für euch

Gründonnerstag: am Abend

Beim letzten Abendmahl hat Jesus sein Leben gedeutet auf unser Heil hin, als er Brot und Wein nahm und sagte: Das bin ich für euch. Dazu bin ich gekommen, daß ich für euch lebe und sterbe.
Dieses „für euch“ ist das Zentrum der Kirche. Wir wiederholen es in der zentralen Feier unseres Glaubens, für die wir eigenartigerweise in unserer Muttersprache nur Lehnworte kennen: Eucharistie, Messe, Liturgie.
Wofür sagen wir Dank? Wozu sind wir gesandt? Was feiern wir gemeinsam?

Die Elemente
Als Jesus Brot und Wein zu Zeichen seiner Gegenwart einsetzte, da drückten diese Zeichen für die Zeitgenossen unmittelbar spürbar etwa folgendes aus:

Brot und Wein sind Grundnahrungsmittel. Vom Brot lebt der Mensch; es ist Zusammenfassung und Symbol aller Nahrungsmittel, die man braucht. Sein Brot verdienen, sagen wir heute noch und meinen damit die gesamte Nahrung, die wir brauchen. Auch Flüssigkeit braucht der Mensch. Grundsätzlich genügt Wasser. Aber jedermann trinkt Wasser nur im Notfall. Gewöhnlich trinken wir etwas Besseres. Wenn in vielen Gegenden Wein auch ein vielgenutztes Getränk sein mag, so kommt ihm doch der Charakter eines gewissen Überflusses zu. Brot und Wein sind also Zeichen dafür, daß wir leben dürfen und daß wir gut leben können. Beides ist gewachsen, weil der

Boden fruchtbar ist, weil der Wechsel von Sonnenschein und Regen günstig war, weil uns die Natur beschenkt hat.

Brot und Wein als Zusammenfassung der Arbeit: Brot und Wein wachsen uns aber nicht einfach zu. Wir müssen dafür etwas tun. Alle müssen zusammenhelfen. Das Feld muß bestellt werden, es muß gesät werden, es muß gejätet werden, es muß geerntet werden, es muß gemahlen und gebacken werden. Ähnlich ist es mit dem Wein. Ein Weinberg macht das Jahr über viel Arbeit. So liegt in einem Laib Brot zusammengefaßt die Mühe einer ganzen Familie auf dem Tisch. So steht in einer Flasche Wein das Ergebnis der Arbeit aller da. Brot und Wein sind also die Zusammenfassung der menschlichen Arbeit.

Brot und Wein als Zeichen der Gemeinschaft: Wer aus einer Weingegend kommt, der weiß: Jeder Weinbauer hat seinen spezifischen Wein. Er hat einen bestimmten Geschmack, eine besondere Farbe usw. Wer noch miterlebt hat, wie früher auf dem Land in den einzelnen Häusern Brot gebacken wurde, der weiß: Das Brot jedes Hauses schmeckt anders. So sind also Brot und Wein etwas Besonderes für die Familie. Wenn die Frau Brot gebacken hat, dann schickt sie einen Laib den Kindern, die außerhalb des Hauses leben. Es soll ein Zeichen der Verbundenheit mit der Heimat sein. Ähnlich tun es die Weinbauern. Die entfernt wohnenden Kinder bekommen einige Flaschen des Hausweines als Zeichen der Verbundenheit. So sind Brot und Wein Zeichen für Gemeinschaft.

Die Gedächtnisfeier

Als Jesus zum letzten Mal mit seinen Jüngern zum festlichen Abendessen beisammen war, gab er ihnen den Auftrag, zu seinem Gedächtnis Brot und Wein miteinander zu teilen.

Diese Elemente sollten im Jüngerkreis Wirklichkeit bleiben, d.h., Jesus sollte die Grundnahrung des geistlichen Lebens, die Zusammenfassung aller Aktivitäten im Jüngerkreis und das Zentrum der Gemeinschaft sein und bleiben. Er ist das Brot des Lebens. Was bedeutet das für die Gedächtnisfeier?

Die Lehre und die Person Jesu werden für uns zur Lebenskraft, d.h., er ist uns nahe, er lebt mit uns. Was uns von ihm berichtet wird, ist in dem Augenblick für uns wirklich, weil er ganz nahe bei uns ist,

indem wir ihn in unser Gedächtnis kommen lassen. Wenn wir an ihn denken, ist er da. Wenn wir tun, was er uns aufgetragen hat, essen wir ihn in uns hinein, seine Worte in unseren Kopf, das Zeichen seiner Gegenwart in unseren Körper. Wir verbinden uns mit ihm. So wird er uns zur Grundnahrung für das Leben unseres Geistes.
Jesus ist auch die Zusammenfassung aller unserer Aktivitäten. Wir tun das und jenes, um leben zu können. Alles ist mehr oder weniger sinnvoll. Alles bringt uns mehr oder weniger Glück. Wo Jesu Ideen eingehen in unser Tun, da wächst Segen. Wo er als Person uns begleitet, da wird selbst noch Schmerz zur Quelle des Segens, wenn unser Tun dem seinen angeschlossen ist. Leiden wir, so ergänzen wir, was seinem Leiden fehlt. Geht es aufwärts, so ist seine Gegenwart unsere Orientierung. Jesus ist die Zusammenfassung aller Aktivitäten, die in seinem Namen und in seinem Geiste geschehen.
Weiterhin ist Jesus die Mitte unserer Gemeinschaft. Jeder von uns steht in verschiedenen Gemeinschaften, die ihn unterschiedlich stützen oder fordern: die Familie, eine Wohngemeinschaft, eine Versammlungsgemeinschaft, eine Arbeitsgemeinschaft usw. Jesus will mit uns in Gemeinschaft treten, wodurch alle anderen Gemeinschaften, in denen wir stehen, eingeschlossen werden. Die Eucharistiefeier ist der Raum, in dem diese Gemeinschaft realisiert werden will.

Das Opfermahl

Die Messe ist immer Gemeinschaft mit dem Herrn; das drückt sich in der Gemeinschaft mit anderen aus. Es gibt nicht „meine" Messe. Wenigstens zwei müssen es sein. Doch ist die Meßfeier nicht Gemeinschaft unter irgendeinem Gesichtspunkt, etwa des Sichwohlfühlens oder der Harmonie oder irgendwelcher anderer Bedürfnisse. Das Spezifikum dieser Gemeinschaft ist es, daß der Herr mit seiner Grundgesinnung des „für euch" anwesend ist und uns in diese Gesinnung einbinden will – zu unserem Heil und zum Heil der Welt. Diese seine Grundgesinnung heißt: Liebe als Hingabe, als „Sterben für", als Opfer. Wir feiern das Gedächtnis an Christi Opfer. Indem wir feiern, werden wir hineingenommen, vollzieht sich für uns, was sich damals, in „jener Zeit", für alle Zeiten und Menschen vollzogen hat.
In der eucharistischen Anbetung führt ein Glaubender privat die Eucharistiefeier weiter, indem er sich in den Raum hineinbegibt, in dem sie gefeiert wurde und in dem die Zeichen der Gegenwart Christi auf-

bewahrt werden. Er begibt sich hinein in die Opferhaltung Christi und will sich ihm anschließen, indem er die Bereiche seines Lebens, die im Gebet zur Sprache kommen, an die Grundhaltung Christi, des Geopferten, anbindet und sie so in ihm, durch ihn und mit ihm vor den Vater trägt – in der Kraft des Heiligen Geistes.

Hingegeben

Karfreitag: am Morgen

Was wir am Karfreitag feiern, ist schwer zu verstehen. Jesus wurde vernichtet. Alles war verloren. Ein Wunder hätte geschehen müssen. Aber es geschah keines! Einer seiner engsten Freunde hatte ihn verraten. Die Apostel waren geflohen, ein einziger stand noch mit den Frauen in der Nähe des Kreuzes. Die Feinde haben Jesus besiegt. Er hatte gebetet: „Vater, laß diesen Kelch an mir vorübergehen, ohne daß ich ihn trinke!" – Es geschah nichts! Es folgten die Anklage, das Urteil, Spott, Folter, Kreuzigung, Tod.
Ähnliches ist in der Geschichte, vornehmlich in unserem Jahrhundert, tausendfach passiert, in Auschwitz und in anderen Konzentrationslagern. Ähnliches passiert auch heute alle Tage in irgendwelchen Lagern oder an anderen Orten. Was ist am Sterben Jesu so einmalig? Was ist daran so entscheidend, daß wir sagen: Mit diesem Leben und diesem Tod ist für uns Erlösung geschehen?

Jesu Haltung
Wovon hat Jesus uns erlöst? Wir sagen: von der Sünde. In der Sünde haben wir Menschen nein gesagt zu Gott. Er hat uns deshalb nicht eigens bestrafen brauchen; denn jede Strafe liegt in der Sünde selbst. Die mißbrauchte Freiheit brachte und bringt uns viel Leid. Der Kern der Sünde liegt nicht in der Übertretung eines bestimmten Gebotes oder Verbotes, sondern darin, daß der Mensch ganz auf sich bauen will, daß er sich sichern will, wo es keine Sicherheit gibt, nämlich bei sich selbst. Sünde ist das Sich-Verschließen, ein Sich-Abkapseln in das Ich, in den eigenen Vorteil, in die eigene Sicherheit. Der Mensch schaut nicht mehr über sich hinaus, er nimmt sich selber wichtiger

als die übrige Wirklichkeit. Er wendet sich ab vom Urgrund des Daseins, von Gott.

Jesus ist der erste Mensch, der diese Sünde überwunden hat. Er hat nicht seine eigene Sicherheit gesucht, hat sich nicht in sich selbst verkrochen. Er hat sich als Mensch geöffnet. Er hat geliebt, ohne Eigennutz. Was seit Anfang keiner mehr getan hat, das hat er getan: Er hat bis zum letzten geliebt, selbst dann noch, als man ihn vernichtet hat. Alles schien verloren, alles umsonst. Aber er gab nicht auf. Er hätte nur ein paar Bemerkungen zu machen brauchen, und alles wäre abgewendet gewesen. Er aber blieb treu in der Liebe. Sein Leben der Liebe setzte er fort bis zum letzten Atemzug. Am Kreuz hängend, betete er noch für seine Peiniger: „Vater, vergib ihnen, denn sie wissen nicht, was sie tun“ (Lk 23, 34). Den Verbrecher, der noch Reue zeigte, ließ er wissen: „Heute noch wirst du mit mir im Paradiese sein“ (Lk 23, 43). Er stellte die Liebe über alle Sicherung, selbst über das Leben. Diese Haltung ist es, die den Tod überwunden hat. Diese Haltung bringt Erlösung; denn sie macht das ansonsten passive Leiden und Absterben noch zu einem Akt der Hingabe: Vater, wenn ich für dich schon nichts mehr tun kann, dann will ich das Leiden und das Sterben noch als Akt meiner Hingabe verstehen. Ich leide für dich, ich sterbe in dich hinein.

Nicht daß der unendliche Gott sich hätte verändern müssen und daß er, der angeblich Harte, sich nun erweichen ließe durch das Blut seines Sohnes, nein! Jesus hat die Menschheit verändert. In die Menschheit, in der von Natur jene Haltung herrscht, die wir Sünde nennen, hat er eine neue Haltung gebracht, die das Leben, das Leid und auch den Tod verändert. Nicht Gott hat sich geändert. Er liebt uns immer gleich. Aber wir Menschen haben seit Jesus eine Chance, uns zu ändern. Wir können uns dieser neuen Haltung anschließen. Dann hat das ganze Leben einen anderen Horizont.

Neuer Sinn

Was ist dieser Sinn? Bleibt nicht das Leid? Bleibt nicht der Tod? Sie bleiben! Aber sie sind von innen her verändert. Ein Beispiel mag dies veranschaulichen: Da liegt eine Frau mit einer schweren Krankheit da, es wird von Tag zu Tag schlechter. Sie weiß es und trägt schwer daran. Wenn sie einen Mann hat, der sie pflegt und der treu zu ihr hält, dann werden dadurch die äußeren Daten der Krankheit nicht

verändert; es geht weiterhin abwärts, und alles, was man medizinisch messen kann, ändert sich dadurch nicht. Und doch verändert die Liebe dieses Mannes die Krankheit der Frau. Ohne ihren Mann hätte sie zwar die gleichen Schmerzen, aber seine Liebe hat den eigentlichen Schmerz doch verwandelt.
So ähnlich ist es mit unserer Erlösung: Es gibt in der Welt zwar noch Bosheit, Unglück, Leid und Tod. Aber Jesus hat das alles im Innersten verändert. Der Glaube an ihn verwandelt alles.

Pieta

Karfreitag: am Abend

Manche Menschen sind über Strecken ihres Lebens tief traurig. Sie fühlen sich hilflos. Was sie sich als eine entscheidende Qualität ihres Lebens vorgestellt haben, scheint sich nicht zu erfüllen. Da stirbt einem Mann die Frau. So viele Jahre hat er mit ihr harmonisch gelebt. Wie soll er allein zurechtkommen?
Eine Frau fühlt sich betrogen, da sich der Partner hat scheiden lassen. Was nur habe ich falsch gemacht? Sie ist enttäuscht und traurig.
Da geht ein Kind falsche Wege, und die Mutter spürt geradezu die stechenden Blicke der Leute hinter ihrem Rücken und hört sie tuscheln: Was hat die großgezogen!
Ein Schüler plagt sich, aber er schafft es nicht, die Wörter und die Grammatik so zu lernen, daß der Lehrer zufrieden ist. Er weiß nicht mehr, was er machen soll. Er sieht sein Ziel gefährdet, fühlt sich gedemütigt, weil er das nicht kann, was andere können.
Da ist ein Student enttäuscht, weil er nirgendwo ideale Zustände findet. Mit wachsender Einsicht entdeckt er Hinterlist und enge Interessen, fühlt Unsicherheit und erlebt die Unsicherheit vieler.
Auch Leute, die sich von unserer Kirche viel erwarten, sind oft traurig; denn gerade hier erleben sie immer wieder, daß vieles nicht stimmt. Der eine ist enttäuscht, weil eine Ordnung verändert wurde; er findet Lehraussagen unterdrückt, Schwerpunkte verschoben – er fordert von den Hirten die Vertreibung der Wölfe im Schafspelz. Der andere ist enttäuscht, weil das Umgekehrte geschieht: Er sieht viele Ungereimtheiten in der Welt – und die Kirche hilft zuwenig. Kon-

krete Probleme werden mit abstrakten Lehren behandelt. Wird die Kirche nicht noch mehr in die Ecke gedrängt? Weiß sie noch, den Menschen wirklich zu helfen, sie herauszuholen aus Verengung, aus Vereinzelung, aus Abhängigkeit?

Viele sind enttäuscht und tieftraurig. Die einen schreien ihre Trauer hinaus, die anderen fressen sie in sich hinein und resignieren: Es hilft doch nichts mehr!

Gleichen wir nicht oft den Jüngern am Karfreitag? Auch sie waren enttäuscht, und zwar von Jesus. Er hat nicht dem entsprochen, was sie sich erwartet hatten. Er hat nicht politisch dreingeschlagen, er hat die Zustände im Lande nicht wirklich verbessert. Sosehr sie von ihm fasziniert waren – jetzt ist er untergegangen. Hat alles keinen Sinn mehr? Das kann ich nicht mehr mitansehen! So muß unser Meister enden! Sie flohen. Eine resignierende Trauer erfaßte sie.

Eine andere Form der Trauer sehen wir an Maria. Sie bleibt, sie hält aus unter dem Kreuz. Die mittelalterliche Frömmigkeit gibt uns dafür ein Bild: Maria sitzt unter dem Kreuz, den toten Sohn auf ihrem Schoß – das Vesperbild. Vesperbild deshalb, weil es eine Szene am Karfreitag abend zeigt: der tote Sohn in den Armen der Mutter. Ein Bild, das fast als urtypisch bezeichnet werden kann für christliche Trauer.

Maria hält ihren toten Sohn auf dem Schoß. Sie weint nur. Alle anderen sind enttäuscht von ihm, sie nicht; sie beweint ihn. Sie mag wohl auch nicht durchblicken, warum er sterben mußte. Aber ihre eigene Stimmung und ihre eigene Meinung spielen nicht die entscheidende Rolle. Sie bedauert sich nicht selbst, sondern zeigt jene Liebe, die sie mit ihm verbindet. Sie bleibt ihm verbunden, wie er war und wie er ist. Sie glaubt noch an ihn, auch wenn er tot in ihren Armen ruht. Sie glaubt ihm, weil sie seine Mutter ist. Sie läßt auch jetzt nichts auf ihn kommen. Sie glaubt mit jenem Glauben, der sie damals in Nazareth JA sagen ließ.

Ihre Trauer ist echt. Keine vorschnelle Auferstehungshoffnung mildert sie. Sie mogelt sich nicht hinweg über die Tatsache des Todes und der Trauer. Aber diese Trauer ist nicht zornig und nicht resigniert. Die Mutter läßt auch im Tod auf ihren Sohn nichts kommen. Sie weiß sich ihm verbunden. Sie umsorgt ihn wie einen Lebenden. Sie vertraut darauf, daß die Sache, die ihr Sohn begonnen hat, nicht zu Ende ist – sie weiß nicht wie, aber sie weiß: Es geht weiter. Gott,

von dem sie ihn empfangen hat, ist noch da. Und er ist treu. Was er beginnt, das führt er auch aus – mögen sich Legionen dagegen stellen. Diese Zuversicht durchpulst die Trauer des Vesperbildes.
Darum sollten wir dieses Vesperbild betrachten, wenn uns die Traurigkeit befällt. Dem Hinterbliebenen, der Geschiedenen, dem Schüler, uns allen sagt es: Gott ist noch da, und das ist das Wichtigste – wichtiger als alle Noten, wichtiger als ein angenehmes Zuhause, wichtiger als die Harmonie mit dem Lebenspartner, wichtiger als alles andere. Alles menschliche Versagen kann umgewandelt werden. Wenn wir nur nicht verzagen, wenn wir nur nicht resignieren, weder über uns selbst, noch über die anderen, noch über die Zustände. Alles ist dem möglich, der glaubt und die Zuversicht nicht verliert.
Wann immer uns Traurigkeit befällt – lassen wir diese Traurigkeit nicht über uns herrschen, sondern schauen wir auf zum Vesperbild. Die glaubende Mutter Maria wird uns trösten.

Auferstanden

Osternacht

Das Leben ist stärker als der Tod
Ostern ist ein uraltes Frühlingsfest, eingeführt von unseren heidnischen Vorfahren. Sie feierten die Geburt der Natur. Im Winter war alles abgestorben. Wenn jeweils im Frühling die Knospen aufsprangen und überall neues Leben sich regte, dann wußten sie neu: Man kann sich auf die Natur verlassen. Auch wenn sie im Winter stirbt, bricht sie im Frühling in einem immerwährenden Kreislauf wieder auf zu neuem Leben. Das Vergehen ist nicht das Letzte, es gibt immer wieder ein Werden. Das Leben geht weiter, wird wieder neu.
Und hinter diesem Leben steht der Schöpfer des Weltalls. Er lenkt den Kreislauf von Sterben und Werden.

Gott, der Überirdische, befreit
Die Vorfahren unseres Glaubens, die Israeliten, haben dem Osterfest einen erweiternden Sinn gegeben; denn sie haben erfahren, daß dieser Gott nicht nur hinter dem Kreislauf der Natur steht, sondern daß er befreiend in unser Schicksal eingreifen kann.

Geknechtet war das Volk gewesen, dem Untergang nahe. In letzter Sekunde hat Gott es gerettet. Nicht aus eigener Kraft konnte es sich befreien. So ist es als Ganzes entstanden, nicht aus der Summe der Volkskraft. Eine unbekannte Kraft steht hinter ihm; man kann sie nicht benennen: Ihr Name ist der ICHBINDA, d.h.: Wer ich bin, das könnt ihr nicht begreifen. Wenn ihr aber an mich glaubt, dann werdet ihr merken, daß ich da war.
Ein geschichtliches Ereignis also, eine unverhoffte Befreiung in letzter Sekunde ist der zweite Inhalt des Osterfestes, des israelitischen Osterfestes.

Jesus, der Gestorbene, lebt
Einen Schritt weiter geht das christliche Osterfest. Es feiert die Rettung, auch noch nach der letzten Sekunde. Jesus ist gestorben. Er hat das Menschenschicksal bis zur bitteren Neige durchgekostet. Doch er ist nicht im Untergang geblieben. „Was sucht ihr den Lebenden bei den Toten?"
Wir Christen feiern Jesus und seine Auferstehung.
Er hat den Tod besiegt, der bislang die Grenze war, die niemand überschreiten konnte. Jesus lebt, und mit ihm auch wir. Er ist zunächst in den Bereich jener Verstorbenen gegangen, die keinen Zugang zum Bleibenden hatten; dann kehrte er heim in den Bereich des Göttlichen, um uns dorthin einen Weg zu bahnen.
So dürfen wir wissen: Der Tod ist nicht so mächtig, wie er uns erscheint; das Leben ist mächtiger. Der Tod kann uns nicht so tief erniedrigen, daß dadurch unsere Berufung aufgehoben würde, teilzuhaben am göttlichen Leben.

Gott ist im Spiel

Ostern: am Morgen

Endlos könnte man streiten, wie das an Ostern damals genau war. Wir haben verschiedene Berichte, und die bringt man nicht zusammen. Aber man muß ihnen zugute halten: Sie wollten nicht in erster

Linie historisch und chronologisch dokumentieren. Ihnen geht es um die Aussage: Jesus lebt! Er ist nicht tot geblieben, und das hat er seinen Jüngern eindeutig kundgetan.
Das ist auch für uns das Entscheidende: Jesus lebt, und zwar lebt er so, daß dies für uns eine Bedeutung hat. Er lebt im Bereich des Vater-Gottes, oder wie es biblisch heißt: Er sitzt zur Rechten des Vaters. Das meint: Er hat Einfluß auf unsere Welt. Es ist in unserer Welt nicht mehr so wie vorher, obwohl alles noch gleich aussieht; denn es gibt weiterhin das Gebären und Sterben, Freud und Leid, Sehnsucht nach Nähe und Wunsch nach Distanz. Und doch gilt der Satz des Kolosserbriefes: „Ihr seid mit Christus auferweckt" (Kol 3, 1).
Das beinhaltet als Botschaft: Alle Elemente unseres Lebens, die wir als Absterben empfinden, als Leiden, als Abrutschen, sind in ein anderes Gesetz eingebunden. In allem steckt eine andere, frei machende Dimension.
Was Israel damals beim Auszug aus Ägypten erlebt hat, ist für uns überboten: Wir sind frei. Die Israeliten waren eine hoffnungslose Minderheit inmitten eines großen Volkes. Sie waren in der Hand der Mächtigen. Und es galt, was immer gilt in der Welt: Die Großen sind oben, und die Kleinen sind unten. Doch da merkten sie: Wenn Gott im Spiel ist und wenn er in unser Leben eingreift, dann nützen alle Panzer-Wagen, alle Streitkräfte und sonstigen Machtinstrumente nichts mehr. Die Habenichtse, die Ohnmächtigen, gehen trockenen Fußes durch das Meer, und die Übermächtigen liegen ertrunken am Ufer.
Wenn Gott im Spiel ist, wird alles verändert, und wir werden frei von allem, was uns knechtet, einengt oder klein macht.
Gott ist neu im Spiel, seit Jesus auf der Welt war. Sein Leben hat zum Sieg geführt. Jesus, der Zerschundene, der Umgebrachte, er lebt! Er sitzt zur Rechten der Macht Gottes.
Er nimmt uns in seine Auferstehung hinein. Da kommt Gott bei uns ganz neu ins Spiel; denn wir sind in sein himmlisches Leben einbezogen. Das Himmlische durchpulst schon unsere Tage.
Wenn auch noch Tränen zu weinen sind, wenn auch noch Leid zu bestehen ist, wenn auch noch Hunger, Durst oder Angst und alle anderen Formen von Lasten zu ertragen sind – wir sind selig und im letzten schon glücklich; denn wir sind geborgen in Gott, dem Lebendigen.

Jesus lebt, und mit ihm leben wir. Weder Tod noch Leid, weder Gewalten noch Mächte können uns fortzerren von der Kraft Jesu, die für uns da ist.

Ewige Jugend

Ostern: am Tag

Die meisten Menschen freuen sich, wenn man ihnen sagt: Du siehst jünger aus, als Du bist; denn Jungsein bedeutet: lebendig sein, Kraft haben, eine Zukunft vor sich sehen.
Das Osterfest hat eine enge Verwandtschaft zum Jungsein. Es weist uns auch eine Zukunft, die Leben bedeutet. Zwar schauen wir zunächst zurück und bedenken die Ereignisse nach dem Tode Jesu. Doch diese sagen: Er lebt! Er ist aus dem Grabe herausgegangen, d.h. vom Tode auferstanden. Er hat das Totenreich aufgebrochen. Seine Jünger fanden ein leeres Grab. – Wie immer die verschiedenen Formeln heißen mögen, mit denen das Unbegreifbare auszudrücken versucht wurde, letztlich laufen alle auf das Zeugnis hinaus: Jesus lebt! Und das wird nicht nur gesagt als eine Behauptung oder interessante Mitteilung, sondern als ein Programm mit Zukunft; denn eine solche Botschaft bedeutet viel für den, der sie hört. Entweder sagt er: Kommt mir unwahrscheinlich vor! – und es bleibt bei ihm alles beim alten. Oder er sagt: Wahrhaftig, Jesus lebt! Dann ändert sich alles. Denn wer überzeugt ist, daß jener Jesus von Nazareth, der „in jener Zeit“ in Palästina gewirkt hat, lebt und mit seiner Art zu leben gesiegt hat, der wird eine bestimmte Einstellung zum Leben als ganzem bekommen. Er weiß genau, worauf es im letzten ankommt: Unser Gott lebt, und dieser Gott ist nicht nur fern, nicht nur ein Prinzip, das hinter all dem steht, was ist, sondern er hat seine Welt so geordnet, daß wir Menschen darin einen besonderen Platz haben. Wir sind nicht nur hochentwickelte Lebewesen, sondern wir sind jene Erdengeschöpfe, mit denen er selbst in Kontakt treten will. Und das ist unsere Bestimmung: Erstens: Wir dürfen mit Gott, dem Unendlichen, dem Unbegreifbaren, dem Schöpfer, dem Erhalter von allem in Kontakt treten. Zweitens: Sobald wir diese unsere Bestimmung annehmen,

werden wir unangreifbar; denn selbst das Leid und der Tod, die beiden erschreckendsten Erlebnisse, können nicht mehr an den Kern unseres Daseins heran. Wir fallen nicht aus dem Wirkbereich unseres Gottes heraus. Vor allem ist uns Jesus vorangegangen, wohin wir mit ihm gehen werden. Daraus ergibt sich drittens eine grundsätzlich positive Einstellung zum Leben; denn alles, aber auch alles kann zum Segen werden, die schönen Ereignisse, die Erfolge, die Leistungen usw. Aber auch die negativen, sogar noch Leid und Tod. Entscheidend bleibt nur, daß wir uns Gott verbunden wissen. Darin liegt das Heil für uns und die Welt beschlossen.
Und darin liegt die Freude eines Glaubenden, daß er neu erkennt, was J. M. Sailer als Zusammenschau seiner Theologie in das Wort faßte: „Gott in Christus, das Heil der Welt."

Durch das Kreuz zur Herrlichkeit

Ostern: am Abend

Wohl jeder muß im Laufe seines Lebens schmerzlich erfahren: Es gibt keine bleibenden Ideallösungen. Wenn wir noch so gut planen und ordnen: Immer wieder klemmt sich etwas dazwischen. Das Kreuz ist stets dabei.
Wir können zornig dagegen ankämpfen oder resigniert alles treiben lassen und uns auf ein kleines, privates Glück zurückziehen – wir kommen dem Kreuz nicht aus.
Hier will uns die Osterbotschaft helfen.
Ganz vorsichtig formuliert, lautet sie: Jesus, der vernichtet wurde, lebt.
Größer hätte die Katastrophe nicht sein können. Ein Glaubenslehrer wird von den geistlichen und weltlichen Autoritäten abgelehnt. Einer aus dem engsten Kreis liefert ihn aus. Der Führer seiner Anhänger gibt die heiligsten Grundsätze preis und verleugnet ihn. Wie ein Verbrecher stirbt er unehrenhaft. Seine Ideen scheinen keine Chance mehr zu haben. Eine größere Katastrophe hätte Jesus und seine Jünger gar nicht treffen können.

Doch dann kommt die Überraschung. Jünger hören das Wort: „Mußte nicht Christus dies alles leiden, um so in seine Herrlichkeit einzugehen?" War die Vernichtung nicht nötig, um das Ganze mit einer anderen Dimension zu verbinden?
Zunächst bleibt uns das undurchschaubar – wie auch den Jüngern Jesu. Wie soll in der Vernichtung ein größeres Aufstehen stecken? Ein paar Beobachtungen aus der Natur geben Denkhilfen: Ein Samenkorn muß vernichtet werden, damit ein Baum daraus wächst. Generell gilt: Alles in der Welt geht kaputt – und immer wieder kommt Neues. Große Kulturen sinken dahin, auf ihren Ruinen bauen größere auf. Mühevoll rackern sich die Menschen ab, und dann steht ein neues Haus, oder eine neue Idee wird geboren, etwas vorher nicht Geahntes kommt zutage.
Neues ist immer verbunden mit dem Untergang von Altem. Nie kann man alles behalten.
Aber was hat das mit Ostern zu tun?
Jesus hat sich auf keines der Mittel verlassen, die ansonsten helfen, eine Katastrophe abzuhalten; denn sie alle schieben diese nur auf. Er verläßt sich allein auf Gott, seinen Vater. Dabei bleibt er konsequent bis zum Letzten. Auf den Vater-Gott hat er alles ausgerichtet, den Herrn über Leben und Tod. Wenn er es in allem mit uns gut meint, dann steckt auch in der Katastrophe noch ein Segen. So bleibt Jesus konsequent und überläßt alles dem Vater, als der Untergang unumgänglich wurde, voll überzeugt: Der Vater macht daraus alles neu.
Was die Jünger erfahren, ist die Konsequenz dieser Haltung. Unwahrscheinlich kommt es ihnen zunächst vor. Sie können es nicht glauben. Ihr Herr lebt. Er hat seine ganze Sache in eine Dimension gebracht, die ins Göttliche reicht. Sein Menschsein ist hineingenommen in das bleibend Ewige. Das geht die ganze Menschheit an.
So beginnen die Jünger zu predigen: Es gibt einen Weg aus der Katastrophe, aus jeder Katastrophe – den Weg Jesu. Im Kreuz liegt Segen für den, der glaubt, daß Gott ist und daß er uns ein gnädiger Vater ist. In Jesus nimmt er uns an. Der Gott, der alles geschaffen hat, kann auch alles neu machen. Er wandelt unser Kreuz in Segen, wenn auch anders, als wir es uns vordergründig denken. Wenn wir als Kreuzträger uns seinem Sohn anschließen und ihm verbunden bleiben, wird uns alles zum Segen.

Eine förderliche Enttäuschung

Ostermontag

Die Jünger waren enttäuscht, und zwar enttäuscht von Jesus; denn sie hatten sich ihm angeschlossen in der Meinung, er würde entscheidend eingreifen in die Geschichte, um das Volk von all dem zu erlösen, was es als bedrückend empfand. Sie wünschten, er würde den politischen Druck abbauen, die wirtschaftlichen Belastungen mindern, Seuchen und Krankheiten zurückdrängen, einen sozialen und gerechten Staat ermöglichen, in dem es allen gut geht und jeder frei leben kann. Das sollte Jesus bewerkstelligen. Doch dann konnte er sich nicht durchsetzen mit seiner Methode. Man schlug ihn ans Kreuz. Das schien aller Welt zu dokumentieren: Es waren eben doch keine übernatürlichen Kräfte in ihm.

Die Jünger waren enttäuscht. Aber vielleicht war diese Enttäuschung für sie notwendig, ehe sie begreifen konnten, was das Entscheidende der Erlösung durch Jesus sei. Vielleicht ist eine Enttäuschung öfter eine Bedingung für die Erkenntnis Jesu und seines Werkes.

Es war wie damals bei Petrus: Niemals sollst du leiden, Herr! Doch Jesus wies ihn scharf zurecht. Vielleicht ist es wie bei jeder anderen Erkenntnis. Wann erkennen wir wirklich Neues? Meist erst dann, wenn sich ein großes Problem auftürmt, an dem wir leiden. Dann suchen wir Wege, davon loszukommen. Probleme sind meist die Voraussetzung, um zu neuen Erkenntnissen zu finden. Ein Leidensweg liegt vor vielen neuen Ideen, vergleichbar mit Geburtswehen. Sie scheinen nötig zu sein, wenn Neues kommen soll.

Unter solchem Leidensdruck erzählten die Jünger, die schon am Weggehen waren, von den Ereignissen, und sie hörten sich an, was der unbekannte Reisebegleiter zu sagen wußte. Und alles sah zunehmend anders aus. Dann erkannten sie beim gemeinsamen Essen (der Liturgie) blitzscharf: Es ist der Herr. Er ist da, anders zwar, als wir es uns immer vorstellen. So also wollte er für immer bei uns sein. Daraus wächst in ihnen das sichere Wissen: Er lebt, wir sind nicht getäuscht worden. Wir hatten bisher nur noch nicht begriffen, was er eigentlich meinte und wer er eigentlich ist.

Österliche Welt

Ostersamstag

Warum sind sie so zornig, die politischen Extremisten? Sie kämpfen für eine Zukunft, die besser werden soll. Die selbstzerstörerische Macht der Triebe und der Leerlauf eines Kulturbetriebes müssen umgeformt, allen in der Welt muß ein Lebensrecht gegeben werden. Niemand mehr soll das komplizierte moderne Leben zum privaten Vorteil ausnützen können. Jedem sei sein Teil angemessen.

Vielleicht sind wir erschrocken über die fanatischen Gesichter; vielleicht erstaunt über ihren naiven Glauben an die Ideologie und über ihren grenzenlosen Zukunftsoptimismus. Doch sie möchten eine Welt, die österlich ist.

Der zornige Revolutionär erwartet Glück von einer neuen Struktur. Der Spießer dosiert sein Glück bei Fernsehen, Autowäsche, Liegestuhl und Sonne. Er meint: Die Kraft der Leistung, die aus Gesundheit, schneller Anpassungsfähigkeit und Fleiß erwächst, wird mehr oder weniger allen ein kriegloses und die Aufregung auf ein Minimum reduzierendes Dasein verschaffen.

Wodurch man glücklich wird, das meint man zu wissen: mehr Einkommen, mehr Freizeit, mehr Freizügigkeit, mehr Harmonie, mehr Lust, weniger Spannungen; das alles nennt man Glück. Doch das ist Lüge! Illusion! Blick eines Kurzsichtigen, der nicht das Ganze sieht. Warum berichtet man in Ländern des Kommunismus so ungern von Unglücksfällen? Warum übersteigert man in unseren Verhältnissen die Unfälle zu Sensationen oder sucht lauthals Ursachen und Schuldige ausfindig zu machen? Das alles sind Formen der Ablenkung! Man will nicht wahrhaben, daß die Welt nur zu einem Teil machbar ist. Es bleibt ein nicht machbarer Rest, und dieser Rest ist tödlich.

Bei aller geleisteten und zu leistenden Verbesserung bleiben Unglück, Leid und Tod. Wir müssen sie bewältigen. Sie brauchen Deutung. Das Kreuz ist da, wie wird es überwunden? Wie ist auch dieser Rest noch zu verkraften?

Ostern spricht davon. Gestorben – auferstanden! Nicht von außen abgeschafft, sondern von innen überwunden. Jesus Christus wurde am Schandpfahl aufgehängt. Das ist wohl das Schlimmste, was einem Menschen passieren kann. Der Kreuz-Galgen ist Symbol für menschliche Erniedrigung, Verwahrlosung und Elend. Seit Jesu Sterben wurde er zum Zeichen für Sieg und Rettung. Warum?

Dieses Sterben war nach außen hin nicht großartig, für die Zeitgenossen wohl eher von einer tragischen Bedeutungslosigkeit. Aber dieses Leiden wurde getragen ohne Resignation. Die Aktivität der Liebe blieb erhalten bis zum letzten Atemzug. Das Sterben war begleitet von dem Wissen: Der Vater läßt mich nicht hängen. Der alles in der Hand hält, der über allem steht, er hält auch mein Leben in der Hand und rettet mich aus dem Tod.

Die Botschaft verkündet: Jesus bleibt nicht im Tod, er lebt! Was das Gesetz vom Weizenkorn besagt, ist an ihm erfüllt: Ein Durchbruch ist geschafft. Das Grundgesetz des Kosmos ist zurückgeführt zu seinem Anfang: Der alles überragende Gott, das Geheimnis aller Wirklichkeit, der Erhalter und Lenker von allem, läßt uns nicht untergehen. Wir dürfen leben. Auch wo uns Tod bedroht, können wir noch hoffen auf ihn. Dieses Vertrauen läßt vom unbewältigten Rest her alles bestimmen, d. h., wer sich ein Weltbild zimmert, in dem beschrieben wird, worin Glück besteht, aber das Sterben ausgelassen wird, dem bleibt am Ende nur Resignation. Unglück und Tod machen dann alles sinnlos, selbst wenn man es als Aufbaustein für eine Gesellschaft betrachten mag; denn auch diese wird einmal abgelöst und untergehen. Was bleibt?

Das oberste Gesetz des Lebens heißt nicht: Leben um jeden Preis, sondern es heißt: Vertrauen und Liebe haben Vortritt vor dem Lebenswillen, sie nur geben ein erfülltes Leben. Hingabe ist größer als Ich-Behauptung. Die Liebe ist die Quelle des Lebens, und zwar eine Liebe, die das Sterben beinhaltet, ja, die selbst schon ein Stück Sterben ist.

Wer aus seinem Leben herausholen will, was nur irgendwie drinnen ist, der gewinnt nichts; ihm schwimmt alles weg. Wer aber wirklich zu lieben beginnt, wer drangibt, wer weggibt, wer stirbt und dieses Sterben zum Ausdruck seiner Hingabe zu machen versteht, der wird noch Glück erfahren, selbst wenn der unbewältigte Rest von Unglück, Leid und Tod bleibt; denn er weiß sich an Jesus angebunden, der tot war und lebt.

Selig, wer glaubt

Weißer Sonntag

Mancher möchte den Kernsatz des Evangeliumsabschnittes Joh 20, 24–29 lieber umdrehen und sagen: Selig, die sehen und nicht auf den Glauben angewiesen sind. Doch wo Menschen sich auf diese Umdrehung verlassen, da sind sie verlassen; denn alles, was man sieht, altert, verändert sich, gleitet eines Tages weg. Mag es noch so schön, noch so kraftvoll oder stabil erscheinen – man kann sich nicht verlassen auf das, was man sehen kann. So bleibt nur die umgekehrte Seite: Selig, die nicht sehen und doch glauben. Damit ist gemeint der Glaube an jenen Herrn, der einmal sichtbar auf der Erde da war und nun in jene Welt eingetaucht ist, die uns mit den Sinnen nicht zugänglich ist, die aber in unsere Welt hereinwirken kann. Selig, die nicht sehen und doch glauben!

Woran glauben wir? Im Symbolum, dem Glaubensbekenntnis, ist es uns zusammengefaßt: daß der Schöpfer, aus dessen Hand alle Wirklichkeit hervorging, zu uns wie ein Vater ist; daß Jesus Christus zu ihm wie ein Sohn steht, von ihm zu uns gesandt wurde, in unsere Welt hereingeboren war von einer Jungfrau, das Leben durchlebt hat bis zu seinem bitteren Tod, beerdigt und beweint wurde. Nach einer kurzen Zeit des Untergangs ist klargeworden: Er lebt, er herrscht im Bereich des Vater-Gottes, und seine Herrschaft wird am Ende unserer Zeit sichtbar und allen spürbar das All regieren. Bis dahin gilt für uns der Geist, der in diese unsere Welt hereingesandt ist und in unserer Geschichte wirkt, und zwar im Zusammenhang mit seiner Kirche, mit uns, die wir glauben, mit all denen, die auf diesen Glauben bauen, die sich nicht auf Sichtbares verlassen, sondern auf ihn, der unsichtbar herrscht. So wird eine Gemeinschaft von Heiligen möglich. In diesem Rahmen gibt es eine Vergebung für alle, einen jeweils neuen Anfang. So gibt es eine Auferstehung des schon untergegangenen Menschen für ein bleibendes Leben.

Das ist unser Glaube an Gott, an seinen Christus und an seinen Geist, der im Unsichtbaren bleibt. Doch wenn wir diesen Unsichtbaren in uns herrschen lassen, haben wir eine Hoffnung, daß wir nicht beherrscht werden von dem Sichtbaren, daß wir nicht mit hinwegschwimmen mit dem, was vergeht, verwelkt, altert, sich verändert.

Selig, die nicht sehen und doch glauben! Das hat als Konsequenz die Frage: Wo verlassen wir uns auf Sichtbares? Auch als Kirche?
Man fällt so leicht ab von diesem Grundsatz. Mit irgendeiner Ausrede mogelt man sich heraus. Wo baue ich auf Sichtbares, und wie fest glaube ich an den unsichtbaren Herrn?
Dieses Wissen um die Versuchung drängt uns zum Gebet: Herr, mach mich zum Glaubenden an dein unsichtbares Reich, damit ich nicht mit dem Sichtbaren untergehe, sondern immer bei dir lebe.

Die Wolke nimmt ihn auf

Christi Himmelfahrt: am Morgen

Im Zeitalter der Raketen kommt leicht ein Mißverständnis auf, als hätte Jesus den einfältigen Jüngern vorgegaukelt, er sei wie eine Rakete hochgeschossen. Es handelt sich um eine Erscheinung, und Jesus will sinnfällig zeigen, daß er sich von jetzt an nicht mehr in der Weise zeigen wird wie bisher. Eine Wolke nimmt ihn auf. Und das ist das entscheidende Bild: Er geht hinein in den Bereich Gottes; denn dafür ist die Wolke Symbol. Sie verhüllt etwas, das da ist. Wir wissen von seiner Existenz, können es aber nicht sehen, wie etwa einen Berg, den eine Wolkenwand verbirgt. Wir stehen davor und sagen: Er steht aber doch da.
So ist es auch mit dem göttlichen Bereich. Wir sehen immer wieder Umrisse, Silhouetten und vorbeiziehende Wolken und sagen mit innerer Festigkeit: Er ist da!
Jesus erscheint in Zukunft nur mehr in dieser göttlichen Weise: in Zeichen, in Silhouetten, in aufblitzenden Ahnungen, in Wirkungen. Dem Jünger bleibt in seinem Innern die Gewißheit: Er lebt, er existiert. Und er lebt für mich. Seine Existenz hat etwas mit meinem Leben zu tun. Er wirkt auf mich ein und prägt mein Leben, wie ein großer Berg das Bild eines Ortes prägt. Und wenn die Wolken seinen Gipfel auch einhüllen, so wissen die Bewohner doch: Der Gipfel ist da.
Es hat nicht viel Sinn, nur immer auf die Wolkenwand zu starren; wir sollen uns vielmehr auf die innere Überzeugung stützen und alles tun,

was zu tun ist, wenn wir wissen: Er ist (im göttlichen Bereich) für uns da.
So wird auch den Jüngern gesagt: „Was schaut ihr zum Himmel? Dieser Jesus wird so wiederkommen, wie ihr ihn habt auffahren sehen!" Und das will wohl bedeuten: Schaut nicht nutzlos nach oben und wartet nicht auf Erscheinungen, wie sie euch in den Tagen direkt nach Ostern geschenkt waren. Trauert dem Ganzen nicht nach, es ist vorbei. Aber die ganze Sache ist damit nicht vorbei. Er wird wiederkommen. Und bis dahin habt ihr eine Aufgabe: Ihr sollt möglichst viele zum Glauben an den führen, der hinter den Wolken da ist.

Der Nachtrag

Christi Himmelfahrt: am Tag

Theologisch ist alles einigermaßen klar; das Fest Christi Himmelfahrt gibt der Osterbotschaft einen besonderen Aspekt: Der Herr ist dort, wohin er gehört – beim Vater-Gott. Und er bleibt dort nicht für sich allein, sondern er hält uns einen Platz bereit. Er hat uns ein Heimatrecht erworben. Das klingt gut. Aber was hilft uns ein solches Wissen jetzt, wo wir in einer bedrohten Welt leben und immer wieder Schweres zu tragen bekommen?
Die Jünger Jesu waren total enttäuscht. Ihre konkret brauchbaren Erwartungen waren zunichte gemacht. Am Kreuz Jesu endeten ihre Hoffnungen. Kein neues Israel, kein Staat, mit dem man sich hätte sehen lassen können, keine beeindruckende Kirche, die alles an sich zieht und die etwas darstellt in der Welt – nein. Ein Meister am Kreuz, ein Meister im Grab. Doch dann war Jesus erschienen. Er war plötzlich da, aber er war auch plötzlich wieder weg.
Sie wußten nicht mehr als: Der Herr war tot, und er lebt in einer neuen, anderen Weise. Und dann zeigte er ihnen, daß er in Zukunft nicht mehr erscheinen würde. Die Jünger sollen seinen Auftrag ausführen: Sünden vergeben, künden von der Liebe Gottes, die sich in Jesu Leben gezeigt hat. Um näher zu erfahren, wie sie das anstellen sollten, mußten sie sich noch ein wenig gedulden: Wartet noch ein wenig, dann werdet ihr begreifen. Mein Geist, der Geist des Vaters, wird

euch erfassen. Dazu braucht ihr noch Zeit, da muß eure Seele noch ein wenig wachsen und bereitet werden durch betendes Warten. Eines Tages aber werdet ihr merken, daß ich euch meinen Geist eingepflanzt habe.

Dieser Geist ist das Prinzip der Kirche. Er bleibt da, und in ihm bin ich da. Meine Grundidee, die Devise meines Lebens, ist die Devise meines Vaters, sein Geist und mein Geist. Diese Idee ist in euch eingepflanzt. Ihr sollt sie weiterpflanzen. Was aber heißt das?

Habt keine Angst, vertraut!

Die Angst verkrampft: Angst, zu kurz zu kommen; Angst, etwas zu versäumen; Angst, nicht anerkannt zu sein; Angst, das Leben zu verlieren. Habt keine Angst!

Und die Gefährdungen? Muß man nicht Angst haben vor bösen Menschen? Muß man nicht Angst haben vor fanatischen Ideen? Ein Glaubender wird unangreifbar, wenn er in Gott verankert ist. Schauen wir auf Jesus: Noch am Kreuz war er frei; denn er vertraute ganz auf den Vater. Auch nach dem Schrei mit dem Psalmenwort: „Mein Gott, mein Gott, warum hast du mich verlassen?" (Mk 15, 34) konnte er anfügen: „Vater, in deine Hände empfehle ich meinen Geist" (Lk 23, 46).

Ein Glaubender verliert die Angst und lernt Vertrauen, auch für das Leben hier im Umgang miteinander.

Das beginnt beim Denken. Wer vom anderen Gutes zu denken beginnt, der wird an ihm auch Gutes entdecken und ihn zum Guten anhalten. Das setzt sich fort im Tun: Groß ist, wer dient. Groß ist, wer dem anderen den Dreck wegräumt. Groß ist, wer einem Weinenden die Tränen abwischt. Groß ist, wer freundlich bleibt, obwohl der andere nur meckert.

Unser Glaube lehrt uns vertrauen; denn wir haben ein Heimatrecht bekommen beim Herrn, wenn uns sein Geist beherrscht. Wir haben einen Herrn dort, wo unser ewiger Platz sein wird.

Der Herr ist dennoch da

Christi Himmelfahrt: am Abend

Als die Wolke den Herrn verbarg, wußten die Jünger: Jetzt werden wir unseren Meister auf Erden nicht mehr sehen, er wird bei uns nicht mehr aus- und eingehen, er wird uns nicht mehr erscheinen wie bisher. Und doch gingen sie nicht traurig und resigniert fort, sondern kehrten „voll Freude" (Lk 24, 52) in die Stadt zurück. Warum können sie sich freuen?

Der Herr war zwar ihren Augen entschwunden, doch sie wußten: Er ist heimgegangen in die Herrlichkeit, „um uns eine Wohnung zu bereiten" (Joh 14, 2). Sein Fortgehen war kein Abschied. Er hat uns nicht endgültig verlassen. Er hat uns vielmehr ein Versprechen gegeben und gesagt: „Ich bin bei euch alle Tage bis ans Ende der Welt" (Mt 28, 20). Und ein andermal versprach er: „Wo (nur) zwei oder drei in meinem Namen versammelt sind, da bin ich mitten unter ihnen" (Mt 18, 20). Obwohl also der Herr fortgegangen ist, hat er uns dennoch nicht verlassen. Wie ist das gemeint?

Schauen wir auf die Jünger. Sie kommen nach Jerusalem und versammeln sich. Sie bleiben in einer Gemeinschaft beisammen. Petrus organisiert zunächst die Wahl des zwölften Apostels, der an die Stelle des Verräters ins Kollegium kommen soll. Gemeinsam beten sie und warten voll Spannung auf die Kraft von oben, auf den versprochenen Geist. Und obwohl sie Jesus nicht mehr sehen, wissen sie: Er ist unter uns; denn wir sind in seinem Namen versammelt.

Diese Gemeinschaft, dieses Häuflein von Treuen, ist der Grundstock der Kirche. Mit dieser Versammlung bricht die Zeit der Kirche an, in der wir den Herrn nicht mehr leibhaft sehen und doch wissen: Er ist da, wenn wir uns in seinem Namen versammeln. Christus ist in seiner Kirche anwesend, in der Gemeinschaft des Volkes Gottes.

Wo immer eine Gruppe dieses Volkes zusammenkommt im Namen Jesu, da ist der Herr mitten unter ihnen, und wäre es nur die kleinstmögliche Gemeinschaft von nur zwei oder drei Menschen. Diese seine Gegenwart in der Gemeinschaft des Volkes wird zeichenhaft sichtbar, wenn wir uns zum Gedächtnis unserer Erlösung versammeln, zur Eucharistie; denn hier verdichtet sich das Geheimnis seiner Gegenwart – uns zur Kraft und Speise.

Pfingstfestkreis

Gottes Geist schafft alles neu

Pfingsten: am Vorabend

Beeindruckend ist die Vision des Propheten Ezechiel vom Totengebein. Er sieht einen großen Acker voller Knochen. Und er muß über die toten Gerippe sprechen wie ein Prophet; da wächst Fleisch über das Gebein, und es wird lebendig.
Geschrieben ist der Text (Ez 37,1–14) in der Zeit des Exils, als Israel zerschlagen schien. Nur ein Rest war noch gläubig, andere begannen zu zweifeln, ob es überhaupt noch eine Möglichkeit gäbe. Sie wagten keine Prognosen mehr. So bestand die Gefahr, daß die Jugend endgültig wegschwimmen, wegheiraten, heidnisch würde. Wozu im Getto bleiben? Warum sich nicht einlassen mit den Heiden?

Frage und Antwort
Da wird der Prophet gefragt: Besteht eine Hoffnung auf ein neues Israel? Und er antwortet zaghaft: menschlich gesprochen – nein! Wie sollten wir unter den gegebenen Umständen je wieder eine Rolle spielen im Konzert der Völker und der Glaubenssysteme?
Aber in unserem theologischen Kopf wissen wir: Bei Gott ist nichts unmöglich! Doch glauben wir das wirklich? Glauben wir das mit unserem ganzen Gemüt, so daß wir unser ganzes Vermögen als Wette dafür einsetzen würden?
Die Antwort des Propheten ist sehr vorsichtig, und man könnte sie mit einem bösen Spruch aus Wien kommentieren: „Schwören tu ich schon, aber wetten tu ich net!“
Bei Gott schwören? Ja. Bei ihm soll ja nichts unmöglich sein. Aber mit meiner ganzen menschlichen Habe dafür einstehen? Nein!
So ähnlich sieht eine theologisch gewußte, aber im Innersten doch nicht geglaubte Wahrheit von der Größe und Zuverlässigkeit Gottes aus.

Gottes Antwort

Da schickt Gott seinen Geist. – Er läßt ihn vermitteln durch seinen kleingläubigen Propheten. Und er zeigt: Die Kraft kommt von oben, sie wird geschenkt. Sie kann vermittelt werden selbst durch einen Mittler, der zu Anfang nur schwach glaubt. „Und wenn euer Glaube nur die Größe eines Senfkorns hat, werdet ihr Berge versetzen“, so sagt uns später Jesus. Vermittler göttlicher Kraft werden wir sein, wenn wir nur ein wenig glauben.

Gottes Geist macht lebendig

Er vertreibt den Ungeist: Der Ungeist kommt in unser Leben nicht durch Bosheit mit erhobener Hand. Er schleicht sich ein, weil wir uns nicht mit Gott auseinandersetzen, sondern nach unserem eigenen Gutdünken handeln. Der enge Blick, das Denken nach Vorteil und Macht! Wir verwirren die Sprache, weil wir in Bahnen denken, bei denen Einfluß, Fortkommen, Ehrgeiz, Neid, Lust, Reichtum und ähnliches mehr den ersten Platz einnehmen.

Doch der Heilige Geist sprengt die verengenden Grundbegriffe der Heiden und weitet unseren Blick.

Jesu Geist

Es ist der Geist Jesu, der alles verändert. Wie Jesus gedacht hat, wie er gefühlt hat, wie er geredet und gehandelt hat – dieser Geist wird sich durchsetzen. In diesem Geist Jesu ist uns der Geist des Vaters begegnet. Nicht wir haben diesen Geist zu finden, nicht wir müssen ihn produzieren. Nicht aufgrund unserer Qualifikationen kommt er in unsere Zeit. Er wird uns geschenkt. Wir müssen nur auf ihn warten. Wir können ihn nicht herbeizitieren. Betend können wir uns auf ihn vorbereiten, betend im Kreis der Kirche – mit Maria und den Aposteln.

Der Geist im Klima

Und wie merken wir, daß er da ist? Den Geist erspürt man am Klima, an der Atmosphäre. Wenn sich da einer bedrückt fühlt oder sich etwas nicht zu sagen getraut oder wenn jemand ausgenützt wird, dann ist der Geist nicht da. Wenn da aber jemand sich durchzuschnaufen getraut, wenn er Vertrauen spürt, Dankbarkeit, Zuneigung, Liebe, dann kann man annehmen, daß der Geist Jesu da ist.

„Seht, wie sie einander lieben." Das sagt man von den Christen der Urkirche. An diesem christlichen Markenzeichen der Liebe spürt man den Heiligen Geist.
Komm, Heiliger Geist, erfülle unsere Herzen und entzünde in uns das Feuer deiner Liebe.

Ein neuer Geist

Pfingsten: am Morgen

Ursprünglich war es ein Dankfest – 50 Tage nach Ostern. Man dankte für die schon eingebrachte erste Ernte. Doch dann wurde es zum Erntefest besonderer Art: In der Kerntruppe der Anhänger Jesu ist durchgebrochen, was schon verborgen da, aber noch ohne Kraft war – ein neuer Geist.
In Sturm und Feuer kündete er sich an. Sturm, Feuer und das Beben der Erde waren einst am Sinai die Zeichen, daß Gott selbst spricht. Sie waren die Begleitmusik für die Verkündigung des Gesetzes.
Gott kommt jetzt an Pfingsten neu – und zwar durch diese Menschen, die sich bisher verängstigt eingesperrt hatten. Die Wirkung ihres Redens ist erstaunlich: Getrennte Menschen beginnen sich zu verstehen, obwohl eigentlich keine Basis des Verstehens da ist, da sie verschiedene Sprachen sprechen und unterschiedlich denken.
Ein Geist des Verstehens, der Menschen verbindet und neue Beziehungen schafft, breitet sich im Strahlenfeld der Apostel aus. Es ist der Geist Jesu. Er hat gedacht, geredet und in einer Weise gehandelt, die alles auf den Vater hingeordnet hat. Nichts mehr fiel heraus. Alles hat er angebunden am Urgrund des Daseins.
Dieser Urgrund unseres Daseins, Gott, ist ein liebender Vater. Seine Gesinnung, sein Wille, ist Liebe. So ist sein Wesen für uns der Geist der Liebe.
Weil Gott die Beziehung zu uns in Jesus wieder aufgenommen hat, weil also sein Geist neu zu uns kommt durch Jesus, deshalb besteht in unserer Welt neu die Möglichkeit, die Beziehungen unter uns Menschen anders aufzubauen, als sie in unserer selbständigen Menschlichkeit möglich sind. Auch dort, wo Verständigung unwahrscheinlich erscheint, wird sie so möglich. Das ist die Aufgabe der Kirche: die Men-

schen so nahe an Christus und Gott anzubinden, daß sie sich untereinander neu verstehen lernen.
Jesu Geist ist uns verheißen. Betend können wir auf ihn warten und rufen: Komm, Heiliger Geist!

Von oben

Pfingsten: am Tag

Wir übertreiben wohl nicht, wenn wir behaupten, daß in unserer Zeit sich kurzfristig immer wieder viel verändert hat. Und allenthalben bahnen sich Entwicklungen an, von denen wir nicht wissen, wo sie enden werden. Auch die Situation unseres Glaubens paßt sich hier ein. Wir kommen uns manchmal so hilflos vor wie die Apostel nach dem Fortgehen Jesu. Sie sperrten sich ein und wußten auch nicht, was sie unternehmen sollten. Allerdings waren sie trotzdem nicht verzagt. Sie warteten, obwohl sie nicht wußten, wie sich alles entwickeln würde. Doch sie hofften auf die Kraft von oben, die ihnen der Herr versprochen hatte. Und so beteten sie gemeinsam in dem festen Willen: Es wird das Richtige geschehen.
Und es kam der Geist. Die Zeichen, in denen er sich ihnen kundtat, kündeten deutlich, was er bewirkt: Sturm und Feuer.
Die geängstigten Jünger werden stürmisch, die uneinsichtigen werden erleuchtet, die enttäuschten beginnen zu brennen. Aus der versteckten Gruppe wird eine aktive Gemeinde von Zeugen. Die zunächst nicht wußten, was sie sagen könnten, fanden neue Worte. Und ihre Zuhörer konnten sie verstehen, obwohl eigentlich alle Voraussetzungen dafür zu fehlen schienen. Der Geist von oben wirkt in den Jüngern. Er durchwaltet die Kirche. Er erleuchtet und bestärkt.
Das ist die Grundaussage der Pfingst-Epistel. Sie will uns eine frohe Botschaft sagen: Wir sollen uns nicht ängstigen, auch wenn wir da und dort nicht aus und ein wissen und so manche Entwicklung nicht gleich durchschauen können. Der Geist verläßt uns nicht. Es ist der Geist des Vaters und des Sohnes. Wir brauchen uns ihm nur auszusetzen, indem wir auf ihn warten, betend warten in der festen Überzeugung: Er wird auf uns kommen.

Vermutlich werden wir ihn nicht in äußeren Zeichen und Symbolen kommen sehen. Aber wir können ihn spüren. Wenn wir dann in unserem Leben tatsächlich geistliche Elemente einpflanzen können, werden wir eines Tages merken: Dahinter steckt der Geist Jesu, seine Haltung, seine Idee, seine Kraft. An solchen Wirkungen merken wir dann: Der Geist Gottes wirkt in unserem Leben.

Seid ohne Angst

Pfingsten: am Abend

In unseren Tagen gibt es Probleme, die viele Zeitgenossen ängstigen und die niemand zu lösen weiß. Da hungern mehr als 500 Millionen Menschen – und es können noch mehr werden. Da beginnt unsere Umwelt großen Schaden zu leiden wegen der Abfallprodukte unserer Industriegesellschaft; es zeichnet sich ab, daß wir z.B. von Kernkraftwerken noch Schlimmeres zu erwarten haben. Bedrohlich steht das Problem der Überrüstung da, Waffen werden produziert herüben und drüben – und es werden noch mehr aufgehäuft, obwohl man sich schon x-mal vernichten könnte. Niemand weiß einen Weg, wie man hier Einhalt gebieten kann.

Probleme über Probleme, die aus dem Geist der Angst erwachsen, aus dem Geist der Ichsucht und des Gruppenegoismus.

In all dem erleben wir, was in der biblischen Erzählung vom Turmbau von Babel ausgesagt ist: Ihr habt euch selbst hoch angesehen, ihr strebt nach der Herrschaft im Himmel, ihr wollt selbst ein Stück des Absoluten gestalten und klammert den Gott des Himmels, den Absoluten, aus, deshalb verwirrt sich für euch die Sprache, und ihr versteht euch nicht mehr untereinander.

Dagegen bietet Jesus einen Geist an, der die Angst abbaut. Er geht aus von dem Wissen: Alles, was existiert, kommt aus der Hand des Vater-Gottes, und alles ist für uns. Wir sind nicht arm, wir brauchen keine Angst zu haben, daß wir zu kurz kommen könnten; wir brauchen uns nicht aufzubauen vor den anderen, denn wir sind jemand; wir sind gerufen, bleibend zu leben und Gott anzuschauen.

Deshalb brauchen wir nicht Güter aufzuhäufen und uns nicht vor den anderen in Position zu stellen und aufzublähen; deshalb brauchen

wir nicht nach jedem Fleckchen Genuß zu suchen. Wir sind geliebt – das ist unser Reichtum. Wir sind angenommen – das ist unsere Macht. Wir sind berufen – das ist unser Glück.
Zwar löst ein solches Glaubens-Wissen die oben angeführten Probleme noch nicht. Aber es ist eine Basis, von der aus wir Lösungen angehen können; es entläßt uns nicht aus unserer Verantwortung, aber es nimmt die Angst und schenkt Zuversicht.

Zeigt eure Liebe

Pfingstmontag

Die moderne Art zu leben bringt für viele Leute eine besondere Behinderung mit sich: Sie werden zunehmend unfähiger, menschliche Beziehungen mit anderen aufzunehmen. Sie vereinsamen, können nicht mehr über den eigenen Horizont hinausschauen, verkümmern; mit Fremden zu reden, scheuen sie sich, und auch Freunden gegenüber bleibt ein Schuß Mißtrauen. Ja, die anderen Menschen sehen sie in steigendem Maße nur als Träger von Funktionen, die mehr oder weniger nutzbringend sind: der Schaffner, der Beamte, der Lehrer, der Bürgermeister, der Nachbar. Im letzten sind sie alle austauschbar.
Sogar in die intimsten Beziehungen schleicht sich dieses Denken ein. Solange der andere für mich etwas bringt, halte ich zu ihm. Ist er mir nicht mehr nützlich, fördert er mein Lebensglück nicht mehr optimal, muß ich mich leider von ihm trennen. Es wird nicht mehr der andere um seiner selbst willen geschätzt, sondern nur insofern, als er mir etwas bringt.
Dazu kommt dann noch, daß aus einem solchen Denken heraus der Austausch von Gedanken und Erlebnissen entscheidend vermindert wird. In wie vielen Familien wird Abend für Abend vor dem Fernsehapparat fast wie vor einem Altar sogar schon das Abendessen eingenommen! Dabei wird natürlicherweise kaum noch etwas erzählt. Reden stört ja dabei. Man erzählt nicht mehr, was tagsüber gewesen ist; man redet seine Sorgen nicht mehr aus sich heraus. So werden Beziehungen, so werden Menschen in ihrer Eigenart totgeschwiegen. Sie werden nur noch in ihrer auswechselbaren Funktion gesehen. Ihre

Arbeitskraft, das, was sie für mich bringen, ist interessant, nicht sie selbst.
Beziehungen sind am Sterben. Die horrenden Zahlen der Ehescheidungen in den letzten Jahren sprechen Bände. Da haben Menschen doch bleibende Beziehungen schaffen wollen! Warum sind sie gescheitert? Worin waren sie überfordert?
Wir bauen Städte – und nennen sie modern –, in denen jeder bzw. jede Kleingruppe für sich lebt. Da gibt es keine gemeinsamen Wege. Über den Lift steigt man gleich in sein Auto – das Symbol persönlicher Freiheit – und verschwindet. Die Beziehungen sterben, wir werden arm.
Das wird noch verstärkt, wenn viele Menschen ihre Beziehungen zu Gott einfrieren lassen.
Pfingsten könnte uns zur Korrektur auffordern. Was Babel angerichtet hat, hat Pfingsten wieder gelöst. Die Menschen waren sprachlos, redeten aneinander vorbei. Sie wollten die Welt nach ihrer Weisheit gestalten, ihre Städte nach eigenen Plänen bauen – und verstanden sich nicht mehr.
Der Geist Gottes aber, der Geist Jesu Christi, korrigierte diese Fehlhaltung – und sie verstanden wieder alles, jeder in seiner Sprache, wie sie Gott lobten und die Großtaten verkündeten.
Wer den anderen Menschen wie Jesus ansieht, der kann in ihm nicht bloß den Träger einer Funktion sehen, sondern wird die einmalige Person wahrnehmen. Jesus, der Lebende, sendet uns seinen Geist.
Dieser heiligende Geist läßt uns hellsichtig werden, wenn wir unseren Blick in die Weite richten – hin auf den Vater-Gott – und uns bei allem fragen: Was war wohl seine Absicht, als er alles geschaffen hat? Was erwartet er von mir? Diese Frage läßt uns hinschauen auf Jesus, das eigentliche, reine Bild Gottes unter uns Menschen. Sein Denken aber beachtet immer zuerst die Beziehung – zum Vater und zu den Menschen. Nicht wie eine Sache verplant er irgendeinen Menschen, nicht wie ein Gesetz beläßt er die Religion. Alles ist bei ihm persönlich, die Hinwendung zum Vater und zu den anderen. Und dabei bringt er sich immer selbst ein – er gibt sich hin „für alle“.
So sind auch die Probleme der menschlichen Beziehungen anzugehen: Wir sollen lernen, nicht mehr nur zu sagen: „für mich“, sondern: „für euch“ und „für alle“.

Geheimnis

Dreifaltigkeitssonntag: am Morgen

Heute erinnern wir uns in der Liturgie an das Zentrum allen Glaubens: an Gott! Er ist Geheimnis. Wenn uns jemand fragt: Wer ist Gott? dann können wir nur wie Bernhard von Clairvaux sagen: Ich weiß es nicht.

Und doch strecken wir uns nach ihm aus. Alle religiösen Menschen tun das, alle großen Religionen. Wir alle meinen das gleiche Geheimnis. Und wir alle wissen: Von ihm her und auf ihn hin leben wir. Doch wir Christen glauben in besonderer Weise an den Gott des Weltalls, das Geheimnis hinter aller Wirklichkeit. Wir glauben, daß er uns Menschen besonders liebt. Er ist so gut zu uns, daß wir ihn nur noch vergleichen können mit einem Vater, der sein Kind liebt. Aber er ist noch in anderem Sinn Vater: Es lebte ein Mensch, Jesus von Nazareth, der in besonderer Weise Vater sagen konnte. Er lebte bei uns, er durchging alle Stationen unseres Menschseins, doch er gehörte in einen anderen Bereich. Er war so sehr mit dem Vater-Gott verbunden, daß jene, die ihm ganz vertraut waren und sind, erkannten und erkennen: Er ist beheimatet im Bereich Gottes. Er ist Sohn. In ihm begegnet uns Gott. In seiner Person geht Gott selbst mit uns den Weg.

So können wir sagen: In Gott ist Vater und Sohn.

Aber indem wir es sagen, wird uns bewußt: Diese Worte sind dünn. Es sind vergleichende Worte. Das Geheimnis ist unaussprechlich. Und doch ist es da. Und doch kann es erfahren werden. Denn was sich abspielt zwischen Vater und Sohn, das schafft Atmosphäre, das erzeugt einen Geist, eine Realität, die einbindet. Der Geist zwischen Vater und Sohn durchwirkt alles und bewegt uns. Da ist auf uns etwas übergegangen. Etwas, das in Gott selbst, im absoluten Geheimnis hinter aller Wirklichkeit, alles bewegt: die Beziehung vom Vater zum Sohn und vom Sohn zum Vater und der alles bestimmende Geist. Dürre Worte sind es, wenn wir sagen: Wir glauben an den Vater und den Sohn und den Geist. Aber was sie erahnen lassen, ist alles. Sie binden uns an den Absoluten an. Und sie sagen uns: Er liebt uns. Was bedeutet es, wenn wir sagen: Vater, Sohn und Geist, wenn wir im Na-

men des Vaters und des Sohnes und des Heiligen Geistes alles beginnen?
Es bedeutet: Wir binden uns an. Wir erkennen an, daß alles aus den Beziehungen der Liebe in Gott existiert. Das heißt für uns: Wenn wir uns dort anschließen, dann übernehmen wir auch das dort herrschende Gesetz des Lebens für uns; die Beziehungen, die Hingabe und die Liebe werden uns wichtiger als alle festliegenden, als alle uns allein betreffenden Dinge. Und wir verstehen, was Jesus eigentlich meinte, wenn er sagte: Was ihr dem geringsten meiner Brüder getan habt, das habt ihr mir getan. Denn wer glaubt: Gott ist Vater, Sohn und Geist, der glaubt an die Kraft der Liebe, die sich weiterzeugt und nach und nach alles bewegt. Wer sagt: Vater, Sohn und Geist, der glaubt daran, daß die Beziehung als Liebe und Hingabe das weltbewegende Grundgesetz ist für alles.
So wird uns heute zusammenfassend und ziemlich abstrakt das Zentrum unseres Glaubens vorgestellt. Doch das mahnt uns, daß wir uns an das wichtigste Tun erinnern, an die Liebe.

ICHBINDA

Dreifaltigkeitssonntag: am Tag

Israel lehnte es ab, etwas anzubeten, was nicht das Höchste war. So verneigten sie sich nicht vor den Kräften der Natur, da sie erkannten, daß hinter ihnen eine größere Macht stehen muß. Sie verweigerten auch den gesellschaftlichen und staatlichen Kräften den letzten Respekt, weil sie sahen: Die Staatsmacht, die Wirtschaft und der Kulturbetrieb mögen für uns noch so wichtige Kräfte sein, sie stehen aber doch in Abhängigkeit, sie versprechen zwar das letzte, versagen aber angesichts der Grenzen. Hinter all dem muß noch mehr stehen. Das alles kann nicht schon ein Gott sein. Deshalb nannten sie ihren Gott jene unbekannte Wirklichkeit, die hinter allem steht. Nur der tiefste Grund für alles Dasein, nur jenes Absolute hinter allem, nur das kann Gott sein.
Israel suchte den Ankerpunkt für das eigene Dasein und für das eigene Handeln außerhalb seiner selbst, außerhalb der erfahrbaren Welt, außerhalb des Denkbaren.

Wenn man Israel fragte nach diesem Gott, dann begann es zu erzählen, wie sich der Glaube an diesen Gott bewährt hat: Wir waren Sklaven, waren herumziehende Habenichtse – und im Vertrauen auf diesen Gott wurden wir befreit; eine Militärmacht war machtlos gegenüber uns. Wir sind durch die Wüste gekommen, wir konnten in der Wüste Feste feiern – und dieser Gott ermöglichte es uns, aus dem Tod zum Leben zu kommen. Israel erzählte seine Geschichte. In dieser Geschichte wurden Eigenschaften dieses Gottes erspürbar: Er ist ein mitgehender Gott, einer, der bei seinen Gläubigen bleibt. Er ist ein Gott, der sich finden läßt in Gebet, Ritus und Feier. Er ist ein Heiliger, ein nicht Faßbarer, alles Übersteigender. Und er ist ein Ordnender, einer, der Chaos überwindet und Leben schafft. Noch vieles wird über diesen Gott erzählt. Und wenn man fragte: Wer ist er denn, wie ist sein Name? dann wurde auf die Geschichte vom Dornbusch hingewiesen: Ich bin der ICHBINDA. Wer ich bin, das wirst du nicht begreifen. Aber wenn du glaubst, daß ich da bin, dann wirst du merken, daß ich da war. Ich bin ein GOTTMITDIR.

Das war die Formel für Israel. Wenn jemand fragte: Wer ist euer Gott? dann konnte der Israelit sagen: Jahwe, der ICHBINDA.

Und was sagen wir Christen, wenn uns einer fragt: Wer ist euer Gott? Unsere Vorfahren haben eine Formel gefunden, die alles einschließt, was Israel sagt, es aber noch ergänzt. Wir sagen: Gott ist dreifaltig, er ist Vater, Sohn und Geist. In dieser Formel ist hinzugefügt, was als neue Erfahrung im Christentum dazugekommen ist, als neu erkannte Offenbarung. Jesus war da in der Welt. Er hat als Mensch gelebt, hat von Gott geredet und ist einen gültigen menschlichen Weg gegangen, an dem man erkannt hat: Der stammt aus dem Bereich des Göttlichen. Jesus ist wieder fortgegangen. Wir dürfen aber erfahren, daß sein Geist noch in der Welt ist, daß auch dieser Geist, der sich Menschen ruft, aus dem Bereich des Göttlichen stammt. Also war nun die Frage: Wie ist diese neue Erfahrung einzubringen? Wie paßt sie zu dem, was man bisher von Gott sagte?

So hat man die Formel gefunden: Der Gott Abrahams, Isaaks und Jakobs, der Gott, dessen Name heißt ICHBINDA, dieser Gott ist uns nahegekommen in Jesus, und er ist uns nahe in seinem Heiligen Geist. Deshalb nennen wir diesen Gott Vater, Sohn und Geist. Wir bringen dies aber nicht so zusammen, als hieße es: Wir wissen, wer dieser Gott ist. Er bleibt absolutes Geheimnis. Aber in dieses Geheimnis gehört alles, was mit Jesus geschah, und alles, was in seinem Geiste geschieht. So sagen wir Vater, Sohn und Geist, wenn wir von Gott reden. Was uns damit aufgeht, verdeutlicht, was schon im alttestamentlichen Namen Gottes ausgedrückt ist: Dieser Gott ist Beziehung. Dieser Gott ist Liebe. Wir dürfen davon ausgehen: Alles, was er tut, geschieht aus Liebe – ob er lohnt oder straft, ob er sich zuwendet oder abwendet. Sein Wesen ist Liebe. Das ist die Botschaft, die uns gesagt wird, wenn es heißt: Vater, Sohn und Geist. Ihm sei die Ehre, dem Vater, dem Sohn und dem Geist, heute und in Ewigkeit.

Vater–Sohn–Geist

Dreifaltigkeitssonntag: am Abend

Von Gott dürfen wir uns kein Bild machen, so heißt es im Alten Testament. Der Grund dafür liegt darin, daß jedes Bild zu eng ist, nur einen kleinen Ausschnitt wiedergeben kann, denn Gott ist unendlich. So bleibt auch jeder Begriff klein. Wenn immer wir etwas von Gott erkannt und in einen Begriff gekleidet haben, müssen wir dazusagen: Das genügt noch nicht; Gott ist unendlich größer. Drei Begriffe werden uns am Fest der Heiligsten Dreifaltigkeit gesagt, die etwas aussagen, was für uns wichtig ist, und die es zugleich wieder verbergen: Gott ist Vater, Gott ist Sohn und Gott ist Geist.
Das Glaubensbekenntnis deutet diese Begriffe umrißhaft. Alles ist aus Gott hervorgegangen, er ist allmächtig. Als dieser Allmächtige ist er unser Ursprung und der Ursprung von allem. Er will uns Vater sein. In besonderer Weise jedoch ist er Vater Jesu, des Sohnes. Als Mensch hat Jesus gelebt wie wir und mit uns. Er ist ein Menschenleben durchgegangen und hat für uns vorgelebt, wie ein Menschenleben Bild Gottes sein kann. Als dieses Bild ist er Sohn, beheimatet im Bereich des Göttlichen, vereint mit dem Vater-Gott und mit ihm in Beziehung. Jesus als das Bild Gottes in Menschengestalt ist wirklich Sohn, wesensgleich mit dem Vater.
Ein dritter Begriff wird uns heute von Gott als für uns wichtig gesagt: Gott ist Heiliger Geist. Dieser Wirkung, die Jesus hinterlassen hat, die die Jünger Jesu treibt, die Gutes schafft unter uns Menschen – diesem

nur spürbaren und erahnbaren Einwirken göttlicher Kraft in unsere Welt, diesem Geist entspricht etwas im Wesen des Göttlichen.
Das sind die für uns wichtigen Elemente, die wir vom Göttlichen wissen müssen. Gott ist Vater, Gott ist Sohn, Gott ist Geist. Drei Personen, ein Gott. Uns nicht verständlich, aber Splitter für unsere Erkenntnis, damit wir in rechter Weise unsere Beziehungen zum Göttlichen aufnehmen und unser eigenes Leben daran orientieren können; denn Vater, Sohn und Geist – die göttlichen Personen – stehen in Beziehung zueinander. Und aus dieser Beziehung ist alles hervorgegangen. Auch wir leben daraus.
Was wir dabei erkennen können, ist fast nichts. Und doch ist es für uns genug. Gott bleibt Geheimnis. Doch wir leben aus diesem Geheimnis. Wir sollen ein Abbild dieses Geheimnisses werden, zumindest in dem Sinn, daß wir im Geiste Jesu uns in allem bezogen wissen zum Vater und daß wir unser Leben gemäß dem Leben Jesu einrichten – in seinem Geist, als Bild des Vaters und des Sohnes – im Heiligen Geist.

Zeichen der Einheit

Fronleichnam

Fronleichnam ist jahrhundertelang das katholischste aller Feste gewesen. Die Gläubigen formieren sich nach der Messe zu einer Prozession und gehen singend und betend durch die Straßen, den Ort ihres Wohnens und Arbeitens. An vier wichtigen Plätzen halten sie an, hören ein Evangelium, meditieren darüber und empfangen den Segen.
Heute ist mancher Katholik skeptisch. Was soll das? Ist es eine Demonstration? Will man etwas vorzeigen? Oder möchte man gar die Andersgläubigen, besonders die evangelischen Christen, ärgern? Mitnichten; denn die Prozession ist viel älter als der Protestantismus, und es gibt Berichte, daß in evangelischen Gegenden noch lange nach der Reformation diese Prozession gehalten wurde; allerdings hat man dort statt des Allerheiligsten das Evangelienbuch mitgetragen. Was will die Prozession? Wir können sie wohl am besten deuten, wenn wir uns die Zeit ein wenig anschauen, in der sie entstanden ist.

Als das Fronleichnamsfest allgemein eingeführt wurde (1264), begann bei uns die Stadtkultur führend zu werden. Das Bürgertum war zum Selbstbewußtsein erwacht. Formen von Selbstverwaltung hatten sich herausgebildet. Verschiedene fest organisierte Gruppen lebten in der Stadt; es gab oft schon mehrere Pfarreien; die Zünfte regelten branchenintern die Arbeitsverhältnisse. Das Problem war, wie diese selbständigen Gruppen zum Ganzen zusammengebunden werden könnten; denn jeder einzelne und jede Gruppe konnte nur leben, wenn das Ganze eine Ordnung fand. Man lebte ja in einer Stadt zusammen, und nur eine gemeinsame Ordnung bot Sicherheit. Wie aber kann das Gemeinsame gesichert werden? Hier bot der Glaube Hilfe, der gemeinsame Glaube, der dem neuen Lebensgefühl entsprechen konnte.

Dieses Lebensgefühl drückte sich aus in dem neuen Stil der Gotik. Die ehemals festen, geschlossenen Gotteshäuser der Romanik, die Gottesburgen glichen, lösen nun ihre Wände auf in Streben und Säulen. Große Fenster, die weit nach oben streben, lassen Licht hereinströmen. Zwischen drinnen und draußen steht nur noch das farbige, mystisch verklärende Glas.

Die Kirche war das Verbindende aller gesellschaftlichen Gruppen. An ihrem Aufbau beteiligten sich alle. Man betrachte die riesigen gotischen Kirchen in oft kleinen Städten. Welche Leistung dieser Orte! Der Kirchenbau war wohl so etwas ähnliches wie ein Konjunkturprogramm. Die überzähligen, hochqualifizierten Arbeitskräfte hat man im Kirchenbau eingesetzt. Alle bezahlten mit. (Heute baut man Autobahnen, renoviert alte Mauern, die allgemeines Interesse haben, oder stützt Wirtschaftsprojekte, wenn man Arbeitsplätze erhalten muß. Damals baute man an einer Kirche – einem Raum für alle.)

Die Kirche war das Bindeglied aller gesellschaftlichen Gruppen. Und das Zentrum der Kirche ist die Eucharistie.

Nun hat man einmal im Jahr alle Bürger einer Stadt zusammengeführt, alle aus den verschiedenen Pfarreien und Gruppierungen, um mit ihnen Gottesdienst zu feiern. Man ergänzte den Kommunionteil der Meßfeier mit einer Prozession durch die Stadt. Man erweiterte den Kirchenraum in den Bereich des Normallebens, des Wohnens und Arbeitens.

So bringt also die Prozession alle Gruppen zusammen, die ansonsten spezielle Interessen haben. Die Prozession führt allen vor Augen: Diese Eigeninteressen darf man nicht absolut sehen; jeder bindet sich ein in das gemeinsame Interesse. Der Glaube durchpulst das Leben. Er bindet die ansonst konkurrierenden Gruppen zusammen. Das Zentrum des Glaubens, die Eucharistie, ist das Band der Einheit.

Und heute?
Das Band der Einheit unter den Christen ist zerrissen. So können wir nicht mehr alle in der Prozession vereinen. Gerade auch die Eucharistie ist ein Streitpunkt geworden. Aber ist die Kirche nicht doch die einzige Institution, die einen könnte? Sie will ja keine anderen Interessen vertreten als die Menschlichkeit der Menschen und ihre Beziehung zum Absoluten. So soll man wenigstens noch die Katholiken zusammenhalten. Die Nichtkatholiken mögen an diesem Tag die Straßen tolerant den Katholiken überlassen; denn diese wollen ja nicht gegen andere demonstrieren, sondern sich um den Herrn sammeln. Das Ganze soll ein Zeichen sein, daß es Heil gibt und daß es mitten durch unsere Straßen, durch unser Leben geht.
Das zentrale Symbol der Einheit wird durch die Straßen getragen – im Rahmen des erweiterten Kommunionteils der Messe. Wir gehen mit Christus durch die Straßen. Noch viele Symbole säumen unseren Weg: Wir tragen Fahnen. Man sagt, das seien Zeichen für Sieg und Hoffnung. (Ob es nur eine Assoziation ist, die mir kommt? Eine Fahne erinnert an das ägyptische Schriftzeichen für das Wort Gott: ein feststehender Stab und oben angebunden ein wehendes Band. Wir tragen ein Symbol des anwesenden Gottes durch unseren Lebensraum. Unser Gott durchwirkt unser Leben.)
Frische Birkenzweige, sog. Prangenstangen, zieren die Häuser. Sie dienen der Ehre Gottes wie auch die Blumen, die Kinder auf den Weg streuen. Die kleine Theresia von Lisieux hat darin das Symbol ihres Lebens gesehen. Als Blumenkind hat sie Blüten auf den Weg streuen dürfen. Ein Zeichen einer kindlich verehrenden Liebe: „Ich will ganz Liebe sein!“
Vier Altäre werden aufgebaut, in den vier Himmelsrichtungen. Ein Baldachin wird über dem Allerheiligsten mitgetragen, ein Symbol für die Herrlichkeit des Himmels. Der Himmel kommt herein in den Bereich unseres Lebens.
Viele Symbole sind es, die unsere Fronleichnamsprozession begleitend kommentieren. Wir sind geeint mit Christus, und unser Gottes-

dienst hat zu tun mit dem, was unsere normale Wohn- und Arbeitswelt ausmacht. Das Leben will vom Glauben durchpulst sein.

Zentrum der Liebe

Herz-Jesu-Fest

Vor drei oder vier Generationen wurde das Herz-Jesu-Fest groß gefeiert. Die Leute erbauten sich am Kerngedanken dieses Festes, der besagt: In Jesus begegnet uns die Liebe Gottes. Seine Person und sein Menschsein sind ein Zeichen, wie sehr Gott uns liebt.
Die Rede vom Herzen meint dabei den Kern der Person, so, wie wir auch von einem guten Menschen sagen: Der hat ein gutes Herz.
Uns klingt inzwischen diese Rede etwas fremd. Aber auch für uns kann sie etwas hergeben. Einmal gilt: In jedem Leben gibt es Mühsal. Die Arbeit, die Mitmenschen, die Lebensumstände – alles kann zur Plage werden. Jedem einzelnen von uns wird vieles immer wieder zur Plage.
Schaut er nun auf Jesus und orientiert er sich an ihm, dann wird er spüren: Diese Mühsal gehört nicht nur unweigerlich zum Leben, sondern sie hat auch etwas Positives an sich; denn Jesus hat alles Mühselige, zuletzt sein Kreuz, zum Zeichen der Liebe gemacht; er stand immer in liebendem Kontakt mit dem Vater-Gott. Sogar sein Sterben hat er zu einem Akt hingebender Liebe gemacht. So wird auch unsere Mühe tragbar und sinnvoll, so wird unser Joch leicht und sanft. Jesu Herz, der Kern seiner Person, ist liebend hingewandt zum Vater, und diese Anbindung bestimmt auch die Art, wie Jesus mit den Menschen umgeht. Er hat den Mut, ohne Machtargumente allen sanft zu begegnen und dienend aufzutreten.
So begegnet uns das Göttliche in Jesus – als ein liebendes, sanftmütiges und demütiges Herz.
Daraus ergibt sich ein Zweites: Gott und das Göttliche haben zu tun mit einem guten Herzen, mit feinem Gefühl, mit Sensibilität und Taktgefühl.
Wo dies nicht gespürt wird, ist Christentum nur verdünnt da. Sensibilität für den Menschen gehört notwendig zu unserem Glauben; denn

Jesus, der Mensch gewordene, hat mit seinem guten Herzen, mit seiner Demut, mit seiner Milde und Geduld dargestellt, wie Gott-Vater zu uns steht. Gott ist gut zu uns. Er liebt uns.
So läßt sich auch an unserer Güte ablesen, wie weit es mit unserem Glauben her ist.

Festzeiten im Herbst

Das Kreuz – unsere Hoffnung

Fest Kreuzerhöhung

O Crux, ave, spes unica! O Kreuz, sei gegrüßt, einzige Hoffnung! Dieser Satz steht in einem alten Hymnus. Er sieht im Kreuz ein Symbol für unsere Erlösung. Ursprünglich war es das Zeichen größter Schande; denn es war der Galgen der Unterschicht. Verbrecher hat man am Kreuz angebunden oder festgenagelt, dort mußten sie elend verbluten oder verschmachten. Es war eine grausame Todesart, eine entsetzliche Strafe. Aus diesem Zeichen menschlicher Erbärmlichkeit wurde das Zeichen des Segens, ja der einzigen Hoffnung.
Denn an ihm ist Christus gestorben. Dort hat sich sein Leben vollendet. Alles, was geworden war im Lauf seiner Lebensgeschichte, kam hier zum Schluß. Hier liegt offen, welche Gesinnung das ganze Leben Jesu durchzogen hat: In allem war er verbunden mit dem Vater-Gott. Da fielen die Stunden der Lust und Freude nicht heraus – sie offenbarten Gottes Herrlichkeit. Da fielen nicht heraus die Stunden der Trauer – sie verstärkten das Vertrauen auf den Vater. Da fielen nicht heraus die Stunden des Untergangs – sie wurden zum Opfer der Liebe: „für die vielen, Vater, die meinen, allein zu leben, und die jeden Sinn für die wahren Hintergründe verloren haben, die Beziehung zu dir und zueinander."
Jesus hat die Beziehung zum Vater neu bestimmt. Er hat in diese seine Beziehung uns alle mit einbezogen: „für euch hingegeben", „für euch vergossen".
So wird seine Person mit allem, was sie gesagt und getan hat, für uns alle zur Hoffnung. Jesus wird zur Schlüsselfigur der Menschheit.
Was aber mag uns das „bringen"?
Was hilft es einem Kranken? Was hilft das einem, der vom Leben benachteiligt wurde? Was hilft es einem Enttäuschten? Was hilft es einem Sterbenden? Was hilft das jemandem, der am Leben leidet? Was hilft uns Jesu Kreuz?

Nach außen hin mag sich nichts verändern. Der Kranke bleibt krank, der Behinderte bleibt behindert, der Benachteiligte bleibt hintangesetzt, der Leidende leidet weiter. Und doch kann der Blick auf das Kreuz etwas verändern – alles verändern!
Herr, mit dir! In deiner Gesinnung will ich mich an den Vater anbinden. Ich wiederhole, was du am Kreuz gesagt hast: „Vater, in deine Hände lege ich meinen Geist" (Lk 23,46). Ich gebe innerlich nicht auf; denn ich weiß: Ich liege in Gottes Hand. Gott selbst steht hinter mir, auch hinter diesem Leid. Es wird also schon einen Sinn haben. Vielleicht werde ich ihn irgendwann entdecken. Und wenn ich daran nur reifen soll!
Wer so zu denken beginnt, der wird zum Genossen Jesu. Sein Leiden wird ihm nicht mehr Hindernis zu Gott hin, sondern eine Gelegenheit, Gott seine Liebe zu zeigen.

Danken lernen

Erntedankfest

Vielleicht ist es uns noch nie bewußt geworden: Unser deutsches Wort „danken" hängt zusammen mit dem Wort „denken". Wer denkt, gedenkt, nachdenkt, Zusammenhänge erkennt, der erfährt: Ich bin beschenkt, ich habe Grund zu danken. Da hat ein Mensch mich gern und läßt mir etwas zukommen, womit ich gar nicht rechnen konnte. Da werde ich bereichert mit einer Gabe, die ich im letzten nicht geschaffen habe. Da gibt es so viele Dinge und Kräfte, die mein Leben ausmachen – und ich selbst habe dazu gar nichts getan.
Am Erntedankfest ist es angebracht, darüber nachzudenken; denn die meisten unserer Zeitgenossen haben es wohl kaum mitbekommen, daß die Ernte eingebracht ist; sie wissen auch kaum, ob sie reich war oder spärlich. Das kommt ihnen noch nicht einmal wichtig vor. Eine gute Ernte kann nur die Preise verderben! Ist sie aber schlecht, müssen wir eben das Defizit einführen. Das kann den Handel bewegen und vielleicht der Wirtschaft nützen. So ähnlich denken wir – und ein solches Denken versperrt uns teilweise den Blick für tiefere Zusammenhänge; denn wenn wir es auch nicht merken: Wir sind eben doch

beschenkt! Und zwar mit allem. Keiner von uns hat sich das Leben selbst gegeben. Da waren Eltern, die uns gezeugt, gehegt und ernährt, die Sprache und das Leben gelehrt haben. Da waren die vielen Menschen, die uns miterzogen haben, die uns in unsere Kultur und Lebensart eingeführt haben. Da sind die Millionen, die mit ihrer Arbeit zusammenhelfen, daß wir täglich essen können; daß wir im Auto fahren können; daß wir überhaupt etwas kaufen können mit unserem Geld, das ja nur einen Wert hat, weil dahinter die Arbeit vieler steht; daß vielfältige Waren angeboten werden; daß wir eingebunden sind in einen kultivierten Lebensraum. Wir sind beschenkt. Und jeder von uns lebt nicht nur m i t allen zusammen, sondern er lebt auch v o n allen.

Doch auch das ist noch nicht die ganze Wirklichkeit; denn wir sind eingebunden in die Natur, die uns umgibt. Wir haben sie nicht in der Hand, können mit ihr nicht machen, was wir wollen. Das wird uns erst in jüngster Zeit wieder stärker bewußt; wir dürfen die Luft nicht noch mehr vergiften, wenn wir noch länger leben möchten. Und wie sehr wir uns durch die Technik auch als Herren der Natur fühlen mögen und sie nur als Material für unser Hantieren gebrauchen möchten, so sehr wird uns immer wieder gezeigt: Wir haben sie nicht in der Hand. Sie ist uns geschenkt – und sie muß ein großes Stück Geschenk bleiben, sollen wir uns nicht selbst zerstören.

Auch das ist noch nicht die ganze Wirklichkeit; denn hinter der Natur steht jene Macht, die alles in der Hand hält. Sie beschenkt uns letztlich mit allem. Wir wären nicht da, wenn Gott uns nicht gedacht hätte. Wir könnten nicht existieren, wenn er nicht dauernd an uns denken würde. Wir sind gedacht, darum sind wir!

Deshalb sollen wir denkend danken, damit wir bleiben. Im Evangelium (Lk 17, 11 – 19) war es ein Fremder, ein total Überraschter, der zurückkam, um zu danken. Ihm hat es genützt, daß er gesund wurde. Die anderen kehrten zurück in ihr vorheriges Leben. Sie erkannten die neuen Zusammenhänge nicht. Es nützte ihnen nichts, daß sie gesund geworden sind. Der Fremde aber begann zu denken und zu danken. Er fand eine neue Beziehung zum Göttlichen, indem er Jesus kennenlernte und sich ihm anschloß.

Die Verstrickung im Gewöhnlichen hindert uns oft, tiefer zu denken und zum Danken zu finden; vor allem die Verstrickung in den Sorgen um die Güter! Da will einer noch mehr haben, doch die Habsucht

macht ihn blind. Er denkt nicht mehr weiter, nimmt alles für sich. So beginnen für ihn die Engpässe. Er nimmt das, was ihm eigentlich geschenkt ist, so, als wäre es sein Werk. Und er merkt daher nicht mehr, daß nicht er selbst hat wachsen lassen, daß er sich die Liebe der anderen nicht erzwingen kann, daß er sich die Gesundheit nicht selbst schenken kann. Er vergißt, was für uns alle gilt:
Wir sind beschenkt, nichts gehört uns für immer. Wir müssen alles den Erben überlassen. Wir sind beschenkt, damit wir ein Werkzeug werden, an andere weiterzuschenken. Wir haben das Leben nicht aus uns, deshalb haben wir es auch nicht nur für uns selbst. Wer es ausschließlich für sich gewinnen will, wird es verlieren. Wir leben nicht aus uns und deshalb auch nicht für uns. Wir sind beschenkt von unserem Gott und Herrn.
So sollen wir denken, damit wir lernen zu danken.

Kraft aus der Ruhe

Rosenkranzfest

Der Sieg der christlichen Flotte gegen die Mohammedaner bei Lepanto war nur der Anlaß zum heutigen Fest, nicht etwa sein Inhalt. Der damalige Papst schrieb diesen Sieg dem Rosenkranzgebet und der damit sich ausbreitenden Atmosphäre zu. Eigentlich soll damit ausgedrückt werden: In jeder Gefahr hilft uns das Gebet, und zwar vor jeder Aktivität das meditative Gebet, wie wir es etwa in der Form des Rosenkranzes kennen.
In der Meditation suchen wir, ruhig zu werden und den nötigen Abstand zu all dem zu bekommen, was in uns aufwallt und zu Kurzschlüssen verleitet. Wir nehmen uns selbst ins Maß und lassen uns ins Maß nehmen.
Beim Rosenkranz, der seit dem Mittelalter in Übung kam und jahrhundertelang d a s Meditationsgebet vieler Christen war, wird durch das dauernde Wiederholen ein und derselben Formel der Rahmen gegeben, in den hinein die drei wichtigen Säulen unserer Heilsgeschichte hinzugesprochen werden: die Empfängnis, Geburt und die Ereignisse der Kindheit Jesu; im zweiten Psalter das Leid mit dem Tod; im drit-

ten Psalter die Auferstehung und unsere Berufung. Das Ganze wird gesprochen unter dem Blickwinkel Mariens. Wir sollen alles in ihrer Grundhaltung betrachten und uns von daher neu ins Maß nehmen lassen.
Dadurch können alle Dinge und Ereignisse, die uns bedrängen oder die für uns wichtig sind, aus einem Winkel der Distanz gesehen werden.
Das Rosenkranzfest meint: Mit Maria und in ihrer Haltung zu beten, das garantiert einen entscheidenden Sieg – gegen Feinde des Glaubens, gegen Ängste und gegen undurchsichtige Machenschaften aller Art.
Die Form des schauenden und verweilenden Gebets macht uns gefeit, öffnet uns den Blick für Zusammenhänge und verhilft uns zu notwendigen Korrekturen.
Fast alle Religionen kennen ähnliche Gebetsformen. Und in allen Religionen haben sie die gleiche Aufgabe und Wirkung: Distanz zu gewinnen, wichtige Wahrheiten unter einem bestimmten Gesichtspunkt anzuschauen und mit dem Aktuellen zu verbinden.
Heute gibt es zunehmend andere Formen der Meditation. Welche Form auch immer uns besser anspricht, wichtig ist, daß wir dem Spirituellen und der Stille in uns Raum geben.

Haus Gottes

Kirchweihfest: am Morgen

Zweimal im Jahr feiern wir Kirchweih: am Weihetag der Ortskirche und am allgemeinen Kirchweihtag. An ihm erinnern wir uns: Es gibt an jedem Ort der Welt, an dem Christen leben, ein Gotteshaus, in dem das Geheimnis des Göttlichen uns nahe sein möchte.
Die ersten Christen versammelten sich in Privathäusern. Später verlegte man (besonders in Rom) die Zusammenkünfte in die unterirdischen Friedhofskapellen der Katakomben, in denen man einigermaßen sicher war und die auch groß genug waren für die angewachsenen Gemeinden.

Als die Kirche frei wurde und Öffentlichkeitscharakter bekam, baute man Kirchen, und zwar nicht nach dem Vorbild der heidnischen Tempel, sondern nach dem der Hallen, in denen Märkte oder Gerichtsverhandlungen gehalten wurden; denn zur Kirche gehört es wesentlich, daß sie sich versammelt vor dem Herrn.
Doch diesen Hallen gab man einen Mittelpunkt: den Altar. Auf ihm geschieht das zentrale Geheimnis der Christenheit.
Neben dem Altar hob man einen Platz hervor, an dem das Wort Gottes verkündet wurde, den Ambo oder später die Kanzel. Denn vom Wort Gottes lebt die Gemeinde.
Ein drittes Element gehört schon sehr früh zur Einrichtung einer Kirche: der Tabernakel. In ihm wird das heilige Brot aufbewahrt, das dichteste Zeichen dafür, daß Christus bleibend bei uns da ist. Hier bleibt im Raum anwesend, was in der Feier geschehen ist. Jeder, der die Kirche betritt, geht in den Raum und in die Atmosphäre der Eucharistiefeier hinein. Er schließt sich privat der Gemeindefeier an, bringt sein Leben ein und sagt Lob und Dank.
An Kirchweih bedenken wir, daß es auf der ganzen Welt Kirchen gibt, in denen ohne Ausnahme das Gleiche geschieht: Der Herr kommt in unsere Mitte, wir hören sein Wort, wir essen ihn in uns hinein und stärken so unser Leben.
Die Kirche ist der Ort, an dem dieses Geheimnis immer wieder geschieht. Wenn wir sie betreten, zeigt uns das rote Licht beim Tabernakel an: Hier ist der Herr, hier steht die Eucharistie im Raum, das Zentrum der Christenheit. Wo immer wir in der Welt sind, hier sind wir beim Herrn.
Am Kirchweihfest sollten wir uns vornehmen, doch dem zu entsprechen, was die Kirche uns bedeuten könnte, sowohl zu Hause als auch an anderen Orten. Gehen wir gelegentlich hinein in die Kirche, wenn wir vorbeikommen; denn viele von uns können werktags nicht zum Gottesdienst gehen, aber sich auf diese Weise anschließen.
Vor allem sollten wir fremde Kirchen im Urlaub oder bei einem Ausflug nicht nur ansehen wie ein Museum, in dem wir Baustile, Kunstwerke oder gar Kuriositäten bewundern. Besinnen wir uns, warum das alles so schön gemacht wurde von den Vorfahren unseres Glaubens: Der Herr ist da, der Altar und der Tabernakel sagen es uns. Hier wird sein Wort vernommen, Kanzel und Ambo zeigen es uns. So sollen wir hinknien und anbeten, uns hinsetzen und ein Wort des Evan-

geliums bedenken, ruhig werden und überlegen, was wir im Sinne unseres Herrn zu tun haben, wenn wir den Raum wieder verlassen. Die Kirchen sind uns gegeben, daß wir an jedem Ort der Welt dem Herrn nahe sein können, sei es, daß wir zu ihm fliehen, sei es, daß wir uns bei ihm freuen, sei es, daß wir uns ausweinen. Am Kirchweihfest aber wollen wir danken. Denn der Herr ist uns nahe.

Tempel des Herrn

Kirchweihfest: am Tag

Das Bild aus Joh 2, 13–22 ist ungewohnt: Jesus mit einer Peitsche. Zornig schlägt er um sich, wirft die Tische um und schreit. Der Betrieb im Tempel machte ihn wild. Gott soll hier verehrt werden. Die täglichen Geschäfte sollen draußen bleiben. – Warum tut er das? Was meint er mit seinem Wort: Haus des Gebetes? Dürfen da die täglichen Dinge nicht herein? Läuft da das Leben in anderen Bahnen?
Den aufgebrachten Tempelbehörden gibt er eine eigenartige Erklärung. Die Jünger verstehen sie nachträglich. Seine Person und der Tempel werden als Einheit gesehen. Was hier im Tempel geschieht und geschehen soll, ist mit seiner Person in gesteigerter Weise da. Doch was soll geschehen?
Der, den die Himmel der Himmel nicht fassen können, will uns im Tempel besonders begegnen. Er will uns nahe sein, will unter uns wohnen, ist ein Gottmituns.
Wir können ihm hier an diesem Ort als dem Symbol seiner Gegenwart begegnen.
Doch das geschieht nicht, wenn hier Interessen vorherrschen, die Geschäft und Geld heißen, die uns voll blockieren und mit keiner Silbe an Gott denken lassen. Ein so äußerlicher Betrieb läßt das Symbol Tempel völlig verblassen. Ähnlich geht es mit dem neuen, lebenden Tempel, der Person Jesu. Auch ihn sehen viele nur mit äußerlichen Interessen, so aber begegnen sie ihm umsonst.
Das Haus Gottes ist bei uns im Zeichen des Gebäudes und noch intensiver in der Person Jesu.

Unsere Kirchen wollen beides verbinden: Im Gebäude ist Jesus, unser Bruder und der Sohn Gottes, gegenwärtig.
Deshalb haben unsere Vorfahren das Fest der Kirchweih so groß gefeiert, denn ihnen ist bewußt geworden: Hier in diesem Gebäude wird uns bleibend vorgestellt, daß Gott selbst und sein Erlösungswerk in Jesus unter uns gegenwärtig sind. Wir sind von Gott angenommen, sind seine geliebten Kinder. Wir können uns in jeder Lage an ihn wenden. Und wenn wir weinen, dann wird uns glaubhaft versichert: Es wird schon wieder gut. Wenn wir lachen und tanzen, dann wissen wir: Das Ganze bleibt nicht nur Schaum. Alles ist auf ein Ziel hin gerichtet: auf das Leben, das Glück mit Gott.
So stellt uns das Kirchweihfest neu vor Augen: Mit uns lebt Gott. Wir dürfen in allem zuversichtlich sein.

Sehnsucht nach dem Unendlichen

Kirchweihfest: am Abend

König Salomo hatte in Jerusalem einen großen Tempel gebaut. Für ihn und seine Landsleute stellte sich die Frage: War das richtig? Wohnt unser Gott wirklich unter uns Menschen? In seinem Weihegebet (1 Kön 8,22–30) sucht Salomo darauf zu antworten.
Für uns Heutige hat sich diese Frage zum Grundsätzlichen hin verschoben, obwohl sie sehr ähnlich klingt. Sie heißt heute: Lebt wirklich ein Gott, der sich um uns kümmert?
Die Tendenz unserer Öffentlichkeit geht dahin, diese Frage dezent auszuklammern. Jeder darf sich darüber Gedanken machen, er wird dabei nicht behelligt. Aber Bedeutung kann das nur für den privaten Bereich haben. Glaube ist Privatsache. Dabei gehen die Gedanken vieler in die Richtung einer Theorie, die den innerweltlichen Charakter aller geistlichen Erfahrungen so deutet, daß in einer Gottesvorstellung des Menschen nur idealisierte Wünsche über sich selbst und das Menschsein ausgedrückt würden. Die Tendenzen solcher Theorien gehen dahin, dem Menschen vorzuschlagen, er solle sich davon befreien und sein Leben selbständig und eigenverantwortlich in die Hand nehmen. Danach ist der Mensch selbst das höchste Wesen. Er ist auf

der Welt, um glücklich zu werden. Nach dem Woher und Wohin darf er nicht fragen.

Diese Form eines verhaltenen Atheismus tritt zur Zeit nur leise auf, wirkt aber bei vielen. Doch sie läßt spüren, daß an die Stelle Gottes andere Werte treten, die der gewünschten Freiheit sehr leicht abträglich werden können, wie etwa die gerechte Güterverteilung, gleiche Genußchancen, höchste Funktionsfähigkeit der Gesellschaft, ein angenehm-aufregungsloses Leben und dergleichen. Wo sich der Mensch als einzelner oder als Gruppe zum höchsten Wesen erklärt, gerät er in größere Verstrickungen, als es je in einer Religion der Fall sein könnte.

Die Denkweise wird zu eng; denn die angestrebten Interessen zielen immer wieder auf die Grundwünsche, etwas zu haben, etwas zu sein und etwas zu genießen. Doch der Geist sehnt sich nach weiteren Wirklichkeiten. Er findet sich nicht ab mit dem Vergänglichen, da er Unvergängliches denken kann. Nach jener unendlichen Wirklichkeit strecken wir uns aus. Und der Glaube sagt uns: Diese Wirklichkeit, dieser Gott, ist ganz nahe bei uns.

Beseelte Begegnung

Christkönigsfest: am Morgen

Einsichtige Leute machen uns auf eine Tatsache aufmerksam, die in der westlichen und östlichen Welt gleichermaßen überhand nimmt und uns zunehmend belastet, nämlich eine überstarke Bürokratisierung nicht nur des öffentlichen Lebens, sondern auch von Gruppen. Hier verselbständigt sich eine Führungsform, sie macht anonymer und bedrückt.

Nur Menschen können solche Vorgänge beseelen, sie vom Automatismus sogenannter Sachgesetze befreien, und zwar Menschen, die den Überblick behalten und nicht einseitige Interessen vertreten, sondern auf das Ganze zu schauen in der Lage sind.

Das heutige Fest will uns Jesus zeigen als einen solchen Menschen, der nicht nur Mensch ist. Er ist König. Das will sagen: Er überschaut alles. Das Grundgesetz seines Lebens, d.h. seine Lehre, paßt für alle Bereiche in einer Weise, daß das Ganze in den Blick kommt und nicht Teile sich selbständig machen können.

Das Evangelium (Joh 18, 33–37) sagt: Er ist ein König, ist als König in der Welt gewesen, obwohl er ohnmächtig erschien. Ein König mit einer dornigen Krone, verspottet; ein König, am Kreuz thronend. Und doch ist die Grundhaltung, die hinter seinem Leben und hinter seiner Lehre steht, ein allumfassendes Gesetz, das Gerechtigkeit für alle bringen würde; das niemanden bevorzugt und zum Besten aller wäre.

Am Kreuz wurde er erhöht – auf den Wolken wird er thronen und richten. Sein Gesetz wird sich durchsetzen. Sein Reich wird entstehen.

Wie konkretisiert sich sein Gesetz?

Er sieht den Menschen nicht zuerst als Rollenträger. Wenn eine Rolle nicht echt ist und nicht auf das Entscheidende hinzielt, greift er sogar an. Er greift die Pharisäer und Schrifttheologen an, weil sie unglaubwürdig und ungültig geworden sind. Ihm geht es um den Menschen in der Weise, daß er sich bezogen weiß auf Gott hin.

Jeder Umgang muß dahingehend beseelt werden, daß er uns auf Gott hin befähigt. Entscheidend für Jesus war das Herz, die Gesinnung. Die Witwe, die wenig gegeben hat, die aber in dem Wenigen alles gab – sie hat mehr gegeben als einer, der nur pro forma viel gab.

Das Herz muß dranhängen. Das Herz müssen wir hineinhängen. Mit dem Herzen müssen wir beseelen. Auf die Echtheit kommt es an. Wie verstecken wir uns doch oft hinter sachlichen Notwendigkeiten! Menschliche Beziehungen schwinden. Juridisiert wird alles, genau geregelt, einforderbar und abgegrenzt. Entscheidend aber ist die Beziehung, das Herz.

Für Jesus war dies am wichtigsten: die Beziehung unter den Menschen und vor allem die Beziehung zu Gott, zu seinem Vater.

Er ist König – zunächst ein König mit Dornen auf dem Haupt, doch er wird wiederkommen in Herrlichkeit, in Macht. Dann wird sein Gesetz absolut gelten. Und er wird herrschen – mit einer persönlichen Beziehung zu jedem von uns.

Ja, ich bin ein König

Christkönigsfest: am Tag

Zu einer Zeit, als in unserem Volk niemand die Regierung kritisieren durfte, da haben die Katholiken das heutige Fest groß gefeiert. Ähnlich ist es heute in den Ländern, in denen ein diktatorisches Regime alles lenkt und niemand kritisch nachfragen darf.

In einer solchen Umgebung spüren die Menschen, was es bedeutet, wenn sie Jesus den Titel „König" geben. Er ist der Herrscher. Mögen sich die Mächtigen aufblähen – sie werden auf Dauer sowenig zu sagen haben wie die Spötter unterm Kreuz, von denen das Evangelium erzählt (Lk 23, 35–43). Mehrere Gruppen von Spöttern waren es: die Theologen, die riefen: Wenn du der Messias bist, dann steig doch herab! Die Soldaten, die sich einen Jux draus machten. Die Offiziellen, Mächtigen, die eine Tafel anbringen ließ: „Der König der Juden"; das kann nur lächerlich gemeint sein. Und schließlich einer der Leidensgenossen: Steig herab und hilf auch uns.

Jesus umgibt Spott; denn er sagt von sich: Ja, ich bin ein König. Und wie sieht er aus! Krasser könnte der Gegensatz nicht sein. Soll das der Thron eines Königs sein?

Einer aber sieht mehr, ein Verbrecher zwar, aber ein Mensch in Reue. Er hat sich eines bewahrt: eine Ahnung, wie groß Gott ist. Er hat Ehrfurcht vor Gott. Deshalb erkennt er: Hier neben mir hängt ein Gerechter. Den hat Gott gesandt. Der rechte Schächer hatte sich empfänglich gehalten für die Strahlkraft Jesu. Und so drückt er seinen Glauben aus: Jesus, denk an mich, wenn du in deine Königsherrschaft kommst.

Er bekommt eine Antwort, die unfaßbar ist. Wahrlich, wahrlich, ich sage dir: Heute noch wirst du mit mir im Paradiese sein.

Der erste, von dem wir wissen, daß er mit Jesus im Paradiese ist, der erste Heilige – er war ein Verbrecher. So ist Jesus.

Es genügt für uns Menschen, daß wir uns an Jesus wenden und ganz von innen heraus bitten: Hab Erbarmen! Jesus ist ein Herrscher des Erbarmens, ein König, der Sünder rettet.

Alle anderen Herrscher müssen ein Gesetz gelten lassen; denn Ordnung muß ja sein. Gerechtigkeit muß erzwungen werden.

Auch Jesus will Ordnung. Auch er will Gerechtigkeit. Doch er bindet

Ordnung und Gerechtigkeit woanders an. Sie bleiben nicht formal. Sie gehen aus von der Tatsache: Wir hängen in allem an Gott. Wir leben in allem vom Erbarmen. Und jeder, der kommt und um dieses Erbarmen nachfragt, wird angenommen, wenn er nur ehrlich kommt.
Christ werden heißt: Erbarmen lernen! Von Haus aus sind wir nur sehr begrenzt auf Erbarmen eingestellt: Eines der Grundmuster in uns heißt Eigennutz. Wir wollen uns selbst und alles, was uns direkt nützt und voranbringt, fördern, unsere Familie, das eigene Fortkommen ...
Christus lehrt uns: Alle gehören zur Familie; denn Gott ist der Vater. Und das heutige Fest sagt es ganz deutlich: Unser Herr, unser König ist Jesus. Der am Kreuz angenagelt war: Er ist der Sieger.

Mir ist alle Macht gegeben

Christkönigsfest: am Abend

Mancher verspürt Unruhe, wenn er entdeckt, daß eine versteckte Werbung und andere unkontrollierte Einflüsse sein Urteil und sein Handeln bestimmen. Schaut er dann noch auf die Zwänge, die ihn umgeben, und die vorgegebenen Strukturen, in die er zwangsläufig eingebunden ist, dann mag er sich vorkommen wie einige Leute in der Gemeinde der Kolosser, die solche Elementarmächte der Welt für unumgänglich und wichtig hielten. Paulus hingegen erinnerte sie an den Glauben: Gott hat uns herausgerissen aus diesen Mächten und hat uns hineingestellt in den Herrschaftsbereich seines Sohnes.
Wie kommt Paulus zu einer solchen Aussage? Ist das nicht Selbstbetrug?
Als Paulus nach Damaskus zog, um die dortigen Christen endgültig auszurotten, begegnete er dem Herrn. Mit einem Mal waren sein ganzes Denken und sein bisheriger Glaube zerstört. Er war dem Auferstandenen begegnet, den er bisher für ein Nichts gehalten hatte. Aus den Wurzeln seines zerstörten Glaubens wuchs die neue Erkenntnis: Jesus, der im Tode untergegangen war, ist erhöht; der vernichtet schien, hat alles besiegt. Ihm ist somit alle Macht gegeben.

Warum sollen wir dann noch Angst haben? Jene Mächte, die uns bedrohen, hat Jesus besiegt – die Sünde, die Vereinnahmung und den Tod.
Somit haben wir als die Anhänger Jesu die Hoffnung, aus dem Bereich der Zwänge und Mächte herauszukommen. Doch wie soll das geschehen?
Alle Systeme, die den Menschen befreien wollten, haben ihn in neue Zwänge gebracht, die oft noch schlimmer waren als die ersten. Aus eigener Kraft konnte sich die Menschheit bisher nicht erlösen. Christus jedoch hat uns diese Freiheit angekündigt. Freilich verläuft sein Weg nicht direkt politisch und irdisch. Sein Reich ist nicht von dieser Welt. Er arbeitet nicht mit den Mitteln der Macht, sondern mit Lauterkeit und Liebe. Er läßt nicht das Schwert ziehen für seine Sache. Er sucht zu überzeugen, und er liebt ohne Grenzen. Diese Liebe ist seine Methode der Befreiung. Sie schließt alle ein, sogar noch die Feinde.

Die Weite der Liebe

Allerheiligen: am Morgen

Es gab eine Zeit – es waren die ersten Anfänge unseres Glaubens –, da konnte man Gott überhaupt nicht anders benennen als mit den Namen seiner Gläubigen. Man sagte: der Gott Abrahams, Isaaks und Jakobs – jener Gott, an den diese Männer glaubten, der ihnen beistand, von dem sie ihr Leben abhängig wußten. Sie waren die ersten Träger der Offenbarung. An ihnen konnte man ablesen, wie dieser Gott zu seinen Leuten steht und was er vorhat.
Ähnliches kann man von den Heiligen sagen, an die wir heute generell denken. Jeder von ihnen hat in einer bestimmten Zeit unter bestimmten Umständen in einer Weise an seinen Gott geglaubt und diesen Glauben dargestellt, daß irgendeine Eigenschaft Gottes deutlich sichtbar wurde, so daß die Umwelt spürte: So ist Gott zu uns.
Denn das Verhältnis der Heiligen zu Gott hat sich immer konkretisiert in der Art und Weise, wie sie mit ihren Mitmenschen umgegan-

gen sind. Es gibt ja wohl keine Äußerung des Glaubens, die keine menschliche Komponente hätte.

Denn unser Gott ist ein menschenfreundlicher Gott. Und alles, was er von sich geoffenbart hat, möchte uns zeigen, wie sehr er uns liebt. Aber diese Menschenfreundlichkeit holt den Menschen heraus aus der engen Versponnenheit in sich selbst. Leicht verspinnen wir uns in Ideen, in Abläufe, in Gewohnheiten. Heilige sind Menschen, die durch ihren engen Kontakt mit Gott und durch intensives Gebet die Fähigkeit erlangen, diese Enge zu sprengen. Sie sehen ihre eigene Welt wie von außen an, von einem anderen („archimedischen") Standpunkt. Dadurch werden sie fähig, dem Menschsein ganz andere Qualitäten zuzumessen. Sie entdecken Wirklichkeiten, die ansonsten verborgen bleiben.

So finden sie das, was Jesus Reich Gottes nennt. Sie entdecken in ihm die Nähe Gottes. Dadurch werden sogar noch negative Situationen des Lebens erträglich, ja, sie spielen kaum mehr eine Rolle, so daß man singen kann: Selig, selbst wenn ihr arm seid, selbst wenn ihr weint, selbst wenn ihr verfolgt seid; denn ihr habt eine tiefere Wirklichkeit entdeckt. Und ihr könnt es euch sogar leisten, gütig, mild, herzensrein und lauter zu sein – „im harten Geschäft" doch nicht denkbar! Ihr könnt es euch leisten; denn hinter euch steht die Wirklichkeit Gottes. Ihr könnt es wagen, aus den Gepflogenheiten des Geschäftsgebarens herauszutreten. Ihr könnt es euch leisten, größere Gesichtspunkte zu haben. Ihr könnt es euch leisten, sogar die politisch-konfessionellen Gesichtspunkte zu übergehen und „katholisch", umfassend zu denken. Denn ihr seid Bürger des Reiches Gottes.

Heute und morgen besuchen wir die Gräber unserer Vorfahren und verstorbenen Angehörigen. Die Pietät treibt uns dazu. Wir sind uns bewußt: Aus anderen haben wir das Leben, wir selbst sind nur zwischenzeitliche Träger des Lebens. Aber gleichzeitig wird uns auf den Friedhöfen klar, worauf es ankommt – nicht auf die kleine Welt der Besorgungen, sondern auf die große Welt Gottes. Sie wird dort wirklich im Menschenleben, wo eine große Liebe einbricht: die Weite der Liebe. Das zeigen uns die Heiligen vergangener Zeiten und unserer Tage.

Interpreten des Evangeliums

Allerheiligen: am Tag

Jeden Tag finden wir im Kalender einen oder mehrere Namen von Heiligen. Von jedem kann man sagen: Wahrhaft, der war ein Christ, ein Interpret des Evangeliums. Wer ihn und sein Leben anschaut, der begreift, was Jesus meint, wie er uns haben will. Dabei waren die Schicksale dieser Menschen sehr verschieden. Da waren Fürsten und Könige darunter, daneben Bettler und Knechte. Bei dem einen lief das Leben glatt, beim anderen ging alles durcheinander. Und doch strahlte bei ihnen allen etwas durch: Sie umarmten Gottes Willen. Sie trugen ihr Kreuz. Und sie freuten sich in glücklichen Stunden.

Was aber macht sie zu Heiligen? Wohl die christliche Weise ihres Lebens. Aber worin besteht sie?

Es geht zum einen um die Beziehung zu Gott und zum anderen um die Beziehungen zum anderen Menschen. Diese Beziehungen entscheiden, ob ein Mensch wahrhaft Christ wird.

Die Beziehung zu Gott zeichnet sich beim Heiligen dadurch aus, daß sie in der Haltung Jesu geschieht, daß sie sich ihm anschließt und mit ihm beginnt, Vater zu sagen. Vater, ich vertraue dir. Ich gehe davon aus: Du bist der Herr und Gebieter über alle Welt. Ich gebe mich in deine Arme. Ich nehme an, was nicht zu wenden ist – im Wissen, daß du dahinter stehst. Ich suche dich, du Unbegreiflicher. Ich suche dich in allem. Du bist mein Gott. Du bist mein Reichtum.

In der Haltung und in der Bindung an Jesus mit Gott in Beziehung zu treten, das ist die eine Seite. Die zweite ist die Beziehung zu den anderen Menschen.

Von Natur aus sind wir Wesen, die von Beziehung leben; denn kein Mensch ist aus sich geworden, was er ist, und keiner kann weiterexistieren ohne die anderen. Nun aber hat es sich die menschliche Natur mit großer Raffinesse angeeignet, diese Beziehungen so werden zu lassen, daß der eine vom anderen lebt – und sich dies als Recht herausnimmt. Du mußt! Ich habe ein Recht! So entsteht eine Konkurrenz, die den Stärkeren zum Herrn und den Schwächeren zum Knecht macht. Und wenn es extrem wird, frißt der Starke den Schwachen. Diese so gewordenen Beziehungen wollte Jesus ändern. Wir hören seine Devise bei der Wandlung der Messe. Deshalb ist die Wandlung bei der Messe das Zentrum des Christentums, weil er hier die neue Form der Beziehung verwirklicht hat. Es heißt nicht: Ich lebe von euch, sondern es heißt: „für euch“, und zwar „hingegeben“; „für euch vergossen“.

Das macht den Christen, den Heiligen aus, daß er im Gesamtduktus seines Lebens nicht von den anderen lebt, sondern für die anderen.

Was sagt uns also ein Fest wie das heutige?

Vielleicht dies: Leben wir nicht in der Illusion, wir würden groß, wenn wir bestimmte Posten, bestimmte Schätze oder bestimmte Stellungen haben. Das ist Täuschung. Die Heiligen zeigen uns, wie wir groß werden: wenn wir unsere Beziehung zu Gott so gestalten, daß wir uns in allem von ihm getragen wissen. Und wenn wir unsere Beziehungen zu den anderen so gestalten, daß wir nicht auf Kosten der anderen leben, sondern für sie.

Wenn wir heute und morgen die Gräber unserer Angehörigen und Freunde besuchen, dann wird uns auch bewußt, daß dies stimmt. Denn in der Erinnerung ehren wir an ihnen jene Haltungen, die uns sagen lassen: Er war für mich da. Er hat geliebt. Und das allein zählt langfristig. Die Heiligen waren große Liebende. Das ist ihr ganzes Geheimnis.

Ein großes Glück

Allerheiligen: am Abend

Was braucht ein Mensch zum Glück? Mancher antwortet auf diese Frage: Gesundheit, eine harmonische Umgebung, einen angenehmen Lebenspartner, genügend Geld, keine großen Aufregungen, Anerkennung von Leuten, die man schätzt, gelegentlich Stunden, in denen das Leben in vollen Zügen genossen werden kann.

Gesundheit, Harmonie, Anerkennung, Besitz und Lebensgenuß sind die wesentlichen Elemente, die vielen zu einem glücklichen Leben notwendig erscheinen. In der Tat sind das wichtige Dinge, für die man sich plagt und die dazu beitragen können, daß man alles positiv erlebt.

Doch der Beginn der Bergpredigt gibt uns einen anderen Raster. Da heißt es: „Selig, die arm sind vor Gott ..."
Wie kann das Evangelium solches behaupten? Was ist damit gemeint? Es wird geredet von einem Menschen, der in die Nähe des Reiches Gottes gekommen ist. Ihm ist im Inneren greifbar geworden: Gott ist mir ganz nahe; in Jesus ist etwas geschehen, das mein Leben und die Welt verändert. Damit sieht für einen solchen Menschen alles ganz anders aus, auch die Voraussetzungen für sein Glück. In ihm bildet sich eine Haltung, die noch durch den Schleier von Tränen Positives entdeckt und die folglich nicht mehr jene Mittel für absolut hält, die man üblicherweise für unumgängliche Helfer zum Glück ausgibt: Durchsetzungsvermögen, Handeln zum eigenen Vorteil, Anpacken der direkten Gelegenheiten!
Ein Mensch, der Jesus begegnet ist, kann glücklich sein, selbst wenn er arm, traurig oder verfolgt ist; denn ihm ist Gott nahegekommen. Er sieht sich selbst vor Gott zwar arm, aber reich beschenkt.
Von vielen so reich beschenkten Menschen spricht der Allerheiligentag; denn die Gemeinschaft derer, die um Christus versammelt sind, ist der Betrachtungspunkt dieses Festes. Heilige sind Menschen, die in verschiedenen Situationen das Entscheidende entdeckt haben: Gott ist am Werk, und sein Reich ist uns nahegekommen. Und das macht sie glücklich.
Wenn wir im Glaubensbekenntnis beten: Ich glaube an die Gemeinschaft der Heiligen, dann bekennen wir uns auch zu diesem Glück.

Der Keim des Todes

Allerseelen: am Morgen

In der Allerheiligenlitanei heißt es: „Vor einem jähen und unvorhergesehenen Tod bewahre uns, o Herr!" Dieser Satz wurde formuliert zu einer Zeit, in der die Leute offensichtlich nicht plötzlich sterben, sondern sich auf den Tod einstellen und vorbereiten wollten. Sie waren überzeugt: Ich trete im Augenblick des Sterbens vor meinen Schöpfer hin; da soll ich bereitet sein. Das Sterben ist für mich die wichtigste Liturgie meines Lebens.

Wenn man heute die Litanei ehrlich formulieren wollte, dann würden viele wohl vorschlagen: Einen plötzlichen Tod schenke uns, o Herr, möglichst ohne Schmerz, möglichst ohne Schrecken, möglichst erst ganz am Ende erfüllter Tage und möglichst unbemerkt. Dahinter steht eine andere Einstellung zum Tod. Er darf nicht viel Raum einnehmen in unserem Dasein. Wir wollen doch etwas aufbauen, wir wollen leben! So reden wir nicht vom Tod, ja, das ist geradezu unanständig. Wir schweigen den Tod hinweg und nehmen ihn damit nicht so ganz ernst: irgendwann, ja, aber eben nur irgendwann und irgendwie ... Und dabei ist der Tod doch eine sehr ernste Sache. Ich kann ohne ihn mein Leben gar nicht sachgerecht beschreiben!

Jeder von uns trägt den Keim des Todes schon in sich; unweigerlich gehen wir auf ihn zu. Doch oft mogeln wir uns über dieses Wissen hinweg. Wenn ein Todesfall in unserer nächsten Umgebung eingetreten ist, besorgen wir so viel, daß uns die Tatsache selbst dadurch abhanden kommt. Wir bedauern die Angehörigen, suchen das Leben des Toten zu würdigen, messen den Grad des Verlustes oder forschen neugierig über die Ursachen des Todesfalles und die Möglichkeiten, die bestanden hätten, um den Tod zu verhindern. Der Tatsache des Todes aber im Hinblick auf uns selbst schauen wir nicht in die Augen.

Sogar theologisch, so meine ich, mogeln wir uns manchmal heraus, wenn wir sogleich von Auferstehung reden und die Totenliturgie wie einen Ostergottesdienst gestalten – als wäre uns durch die Auferstehung Christi das Todesschicksal schon abgenommen! Wir werden sterben, und das ist keine Bagatelle – trotz Ostern! Freilich wissen wir, daß der Tod seinen letzten Schrecken verloren hat, da Jesus ihn überwunden hat. Aber trotzdem müssen wir unseren Tod sterben. Und das ist ernst zu nehmen. Die Gestalt unseres Lebens vergeht. Alle Kontakte werden uns abgebrochen. Dann zählt nur noch eines: der Kontakt mit unserem Herrn und Gott. Darüber können wir keine andere Aussage mehr machen als in Bildern des Glaubens. Wir werden nicht nichts sein, sondern in Kontakt mit unserem Herrn stehen. Auch unser jetziges Leben wird nicht nichts sein. Unsere Werke werden uns folgen, d.h., was wir geworden sind durch unser Denken und Tun, das wird irgendwie an uns haften und mit uns bleiben.

Erst wenn wir den Tod ernst nehmen, werden wir auch das Leben wirklich ernst nehmen. Wie das Ende des Lebens, der Tod, ein Ter-

min ist, der nicht ungeschehen gemacht werden kann, so sind es eigentlich auch alle anderen Termine. Wir müssen die kindische Sandkastenwelt überwinden, die meint, man könne alles rückgängig machen. Die Zeit ist uns gegeben, und sie kommt nicht mehr zurück. Der Tag von gestern ist vorbei, er ist gestorben, er kommt nicht wieder. So gehen wir auf den Tod zu, und wir haben die Chance, die noch bleibende Zeit zu gestalten.
Denen aber, die vor uns gelebt haben und die uns die Wohnung, die Ordnungen und so vieles, ja, auch das Leben selbst, weitergegeben haben, denen widmen wir am Allerseelentag unser Gebet. Der Herr möge mit ihnen den Kontakt halten. Und uns möge er begnaden, daß wir ein Leben führen, das uns zusammen mit ihnen ewig bei ihm sein läßt.

Früher als gedacht

Allerseelen: am Tag

Wer voll beschäftigt ist, denkt nicht an den Tod. Wenn sich aber eines Tages plötzlich das Herz zusammenkrampft und für einen Moment die Luft wegbleibt, dann blitzt wohl das Stoßgebet durch den Kopf: Herr, jetzt noch nicht! Ich habe das und jenes noch nicht abgeschlossen – und überhaupt: Es ist noch viel zu früh!
Es kann sich wohl keiner von uns so recht vorstellen: Ich bin tot. Und doch wird es schneller gehen, als wir meinen. Das Leben, unser Leben hat ein Ende. Was bedeutet ein solches Wissen?
Manche sagen: Alles hört auf, darum lebe ich flott, mache mir ein schönes Leben und schaue, daß ich möglichst lange gut durchkomme. Andere haben Zweifel, ob es nachher noch weitergehen könnte; sie planen dies zwar nicht direkt ein, leben aber einigermaßen nach Ordnung und Gesetz – für alle Fälle.
Wir aber sollten überzeugt sein: Am Ende werden wir Rechenschaft ablegen. Wir werden vor dem Herrn stehen, und dann wird unser Leben wie ein Film ablaufen: Da werden wir als Kind spielen, als Jugendlicher lernen und als Erwachsener arbeiten – und dazu werden

alle Worte, die wir gesprochen haben, eingeblendet, und alles, was wir gedacht haben.
Ich selber, der ich geworden bin und der ich den ganzen Prozeß der Entwicklung hinter mir habe, werde als dieses entwickelte Wesen vor Gott stehen, und das Urteil ist schon fertig. Das also hast du aus deinem Leben gemacht, das ich dir gegeben habe. Das bist du jetzt.
Auch wenn wir beschämt dastehen werden, wird uns sicher gleichzeitig aufgehen: O Gott, wie beschenkt bin ich, wie begnadet war ich. Und wenn auch nur ein Gedanke, ein Ruf nach Erbarmen in unserem Leben da war, werden wir dieses Erbarmen empfangen wie der Schächer am Kreuz.
Was bedeutet es für uns heute, zu wissen, daß wir sterben und vor Gott stehen werden?
Alles, was ich rede, prägt mich selbst und wirkt auf die anderen. Alles, was ich tue, baut an meinem eigenen Leben und an dem der anderen. Alles hat eine Perspektive der Zukunft. Und ich selbst trage dafür Verantwortung. Nichts läuft einfach so dahin, als hätte es keine Bedeutung. Alles wirkt positiv oder negativ.
Das klingt mahnend. Diese Botschaft kann aber auch froh machen, denn sie bedeutet: Ich werde meinem Gott begegnen. Er wird mich nehmen, wie ich geworden bin. Und er wird mir dann, wenn ich ihn trotz meiner Armseligkeit bitte, sagen, was er dem Schächer zugesagt hat: Du wirst mit mir im Paradiese sein.

Tod im Leben – Leben im Tod

Allerseelen: am Abend

Das Leben vor dem Tod beschäftigt uns so sehr, daß wir ihn selbst und das, was danach kommt, kaum in den Blick nehmen. Ob jung oder alt, wir nehmen den Tod kaum ernst.
Für einen jungen Menschen scheint der Tod so weit weg zu sein. Irgendwann, ja, aber jetzt will ich erst noch leben! Und doch kann täglich das Herz aufhören zu schlagen: ein Verkehrsunfall, eine Krankheit, eine Katastrophe. ... Auf den Tafeln der Kriegerdenkmäler in allen Ländern sind zahllose Namen verzeichnet. Sie waren großenteils

17, 18, 24. Sie wurden in den Krieg gehetzt, sie mußten sterben. Alle könnten noch leben. Täglich sterben junge Menschen, auf den Straßen, im Krieg, im Libanon, in Afghanistan, im Iran, im Irak, an vielen unbekannten Stätten.
Der Tod steht uns so nahe.
Wir wollen ihn nicht sehen. Und doch ist er gegeben, damit wir nicht in Illusionen leben, als gäbe es ein Wachsen ohne Sterben, als gäbe es Freude ohne Schmerz, als gäbe es Gewinn ohne Verlust, als gäbe es ein Leben ohne Tod.
Überall, wo Leben blüht, stirbt anderes ab. Wenn uns ein guter Braten schmeckt, muß vorher ein Kalb, ein Rind, ein Schwein sterben. Wo Erfolg uns freut, muß vorher stundenlange Plage sein.
Der Tod ist nicht nur ein Punkt am Ende unseres Lebens, er steckt überall mitten drin. Es gibt auf Erden kein Leben ohne Tod. Viele Tode müssen wir sterben, ehe wir endgültig die Augen schließen: Abschied von der Kindheit, Abschied von der Jugend, von der Familie, Abschied vom Beruf, Abschied von Freunden, Abschied von Sicherheiten. Viele Abschiede, viele Tode.
Ist deshalb alles Leid, wie Buddha sagt?
Das Christentum kennt eine andere Antwort. Im Tod steckt Leben! Im Tod steckt die Chance, das Leben zu steigern. Im Tod liegt die Chance, das Höchste zu erreichen; denn Christus hat uns in seinem Tod ein neues Leben gebracht. An dieses Leben können wir angeschlossen werden. Das bedeutet: Wir brauchen die täglichen kleinen Tode nicht zu fürchten. Wir nehmen sie an. Denn wir wissen: Wenn sie in der rechten Haltung gestorben werden, können sie viel Segen bringen, intensives künftiges Leben.
Daran beweist sich der Glaube. Ich weiß, daß mein Leben in Christus endet. Ich stehe in ihm. Die Unbilden, die ich leide, schließe ich an seinen Tod an. Ich bin überzeugt: Es wächst ein größeres Leben daraus hervor. Ich trage, weil ich weiß: Ich werde mit Segen beschenkt. Mein Leben mündet in das Reich meines Herrn. Er hat sein Kreuz getragen; ich trage mein Kreuz. Er ist den qualvollen Tod gestorben; ich sterbe meine Tode. Er hat gesiegt; ich weiß: Er nimmt mich in seinen Sieg hinein. Das ist unser Glaube. Den wollen wir heute erneuern und beleben.